写作高手

写出好文章的40个实用技巧

李洛克——著

Master of Writing

浙江人民出版社

图书在版编目（CIP）数据

写作高手：写出好文章的40个实用技巧 / 李洛克著
. — 杭州：浙江人民出版社，2022.10
ISBN 978-7-213-10680-4

浙江省版权局
著作权合同登记章
图字：11-2020-082号

Ⅰ.①写… Ⅱ.①李… Ⅲ.①写作学—基本知识
Ⅳ.①H05

中国版本图书馆CIP数据核字（2022）第122184号

写作高手：写出好文章的40个实用技巧
XIEZUO GAOSHOU XIECHU HAO WENZHANG DE 40 GE SHIYONG JIQIAO

李洛克 著

出版发行：浙江人民出版社（杭州市体育场路347号 邮编：310006）
市场部电话：（0571）85061682 85176516
责任编辑：潘海林
营销编辑：陈雯怡 陈芊茹 赵 娜
责任校对：姚建国
责任印务：刘彭年
封面设计：Amber Design 琥珀视觉
电脑制版：济南唐尧文化传播有限公司
印 刷：杭州丰源印刷有限公司
开 本：710毫米×1000毫米 1/16 印 张：11.5
字 数：127千字 插 页：1
版 次：2022年10月第1版 印 次：2022年10月第1次印刷
书 号：ISBN 978-7-213-10680-4
定 价：48.00元

如发现印装质量问题，影响阅读，请与市场部联系调换。

目录
CONTENTS

第二章
理性写作的 9 个技巧：写作是精密的科学

第三章
感性写作的 9 个技巧：写作是情感的渗透

第四章

玩转文字的 13 个技巧：写作是凡人的奇迹

前 言

我已经为你安排好了

“我是个文字杂工。”我总这样自嘲。

大概是在小学六年级的时候，我就跟我爸说，我想当作家。高中的时候被金庸、倪匡的作品“洗礼”后，我在大学时期稍稍修正了方向——想当小说家。

但在现实中，人总要填饱肚子，因此毕业之后，我进了一家冷冻工厂工作，一直做到了28岁。

在那段时间里，我总觉得，我的人生与梦想也随之被“冷冻”了。

但是后来我想，我不是一直想当小说家吗，为什么还不去做呢?

于是，写作的念头像沙漠中的一棵小草，地表上只有一小丛，但地表之下的根早已蔓延、广布，慢慢地扎进我的灵魂。

于是，我决定辞职，全职写作。

追梦的过程就像是一部灾难电影，而我就是那个总能在千钧一发之际死里逃生的幸运主角。

一路走来，我不但没有饿死，反而有种幸福的错觉，哪怕经常在最后期限才能交稿，我依然认为自己在写作之路上稳步前进。

回头看看做过的文字工作，有时自己也会吓一大跳，会发出“原来连这个我也做过”的感叹。

我写过小说、博客、书评、影评、期刊专栏，我做过期刊编辑、社群编辑、文案写手、内容营销顾问、编剧、比赛评审、写作讲师，最后还拍起了网络影片。

“我要靠写字为生”的念头让我愿意挑战任何领域，而一路上的各种“混搭”也让我吸收了各领域的长处，使我的写作宽度不停扩展。

所以，当出版社找我再写一本书时，我说：“写一本纯粹讲授写作技巧的书吧！”

我希望它是一本面向群体广且实用的文字技术书。因为本书专注于写作能力的提升，所以只要是需要写作的人，即不论是学生、教师、企划（文案、社群）编辑，还是故事创作者、文字工作者、创意工作者，都能从中得到帮助。

本书共分为四章。

【第一章】源自生活的9个读写技巧：写作是人生的标配

我会从生活中可以做的写作练习谈起，比如激发灵感、联想、刻画、洞察、深读、感受、辩题等写作练习。

我相信每个人都能写好文章。实际上，一个人在思考时就已经在写作了，只不过没有将其转化为文字罢了。因此，本书从想、读、写的训练开始，帮助大家先打好“想法文字化”的基础。

【第二章】理性写作的9个技巧：写作是精密的科学

写作需要理性，在这章里我会讲解谋篇布局方面的技巧，比如布局、结构、悬念、反转等。还会讲解写作的硬技术，比如视角、人称、演说、词语运用等。

谋篇布局的练习能够帮你串联起想、读、写的训练基础，然后就可以开始往情感的精雕细琢方向迈进。

【第三章】感性写作的 9 个技巧：写作是情感的渗透

在这一章我会不停地重复“替换与感受”，借助众多定格画面，从文字的流畅感、词感、字感、素材感、亲疏感、速度感、画面感等方面，帮你思考笔下文字能够给读者带来的感受。

好作品是磨出来的。要想让文字的情感深入人心，便要去更深的地方探索，捕捉文字那闪烁的微光。

【第四章】玩转文字的 13 个技巧：写作是凡人的奇迹

在这一章我要教你怎样给文字锦上添花。文字可以玩，而且超好玩。有时一个标题、一个金句就会让你爆红，让你从“一个账号”成为大受欢迎的网红。在此，我会讲到象征、情景、造色、变动等技巧，以及怎样写会让文字有气势，让读者兴奋和好奇。我也会讲一些小有趣味且效果非常棒的写作方法，比如“借名人”“改名句”“玩反讽”。我还会指导你怎样打造自己的写作风格。

除了内容编排，本书最大的特点就在于每小节的最后都有一个写作技巧训练部分，让你可以练习该节所讲解的写作技巧。

当完成这本书的写作后，我不由得感谢我的过往，是严酷的现实把我敲打成了一个杂工，而且这个杂工一直没有灰心，一直怀抱希望，并一路捡起众多奇形怪状的石头。当这些石头被时光打磨后，我意外发现自己收获了很多宝石。

所以，现在我才有机会将宝石与你分享。

人生就是这样，千万不要轻视自己的过去与现在。在真相揭晓之前，你永远不知道什么会成为你人生的伏笔。而你越努力去做一件事，它就越有机会变成你的人生伏笔。

现在，我终于能说："我是一个文字杂工，我为此感到骄傲。"

接下来就轮到你了，当你翻开这本书，我已经为你安排好了 40 个 "伏笔"，等待你开启写作的旅程。

我的朋友，该你登场了！

第一章

源自生活的9个读写技巧：

写作是人生的标配

灵感：获取灵感不需要天赋，只需要勤记平凡事

曾经有位大作家，每早天刚亮就出门，四处游走，一边仔细观察路边的景物，一边思考创作。一旦有点感觉，他就会立刻拿笔记下来，就这样写着、记着，一直到晚上才回家。到家后，他把白天所记的内容进行整理，并用这些记下的素材写作，直到深夜。这就是他日复一日的工作。

其实，他一直体弱多病，他的妈妈看他每天这样早出晚归，回家又把自己关在房内写作，非常舍不得，忍不住心疼地责怪他："你啊，是想把心呕出来才肯罢休啊！"

故事中提到的这个人就是与李白、李商隐齐名，并称唐代"诗中三李"的"诗鬼"李贺。

他的写作故事也是我讲写作能力首先要跟大家分享的一个重要写作观——勤。

请勤劳地记下你的感想，勤劳地写下你的初稿。

灵感源自生活的平凡点子

先不用在意自己有没有天分，记下的灵感够不够绝妙。

很多人都会羡慕别人的好点子，觉得自己是因为缺乏灵感才写不出好作品的，所以一直在等待上天把灵感灌输给自己的那个瞬间。

但你知道吗？好灵感其实是勤记出来的，你必须先拥有海量的平凡点子，然后才能从中提炼出好点子。

我从当兵时起就养成了每天记 3 个点子的习惯。我对自己说，每天的 3 个点子不要求棒，但是坚持下来，一个星期就有 21 个，只要这 21 个中有一两个还不错，这个星期就值得了。

当你习惯于捕捉细微的感受时，你抓到灵感的机会就会越来越多。所以，当你睁开眼睛、启动大脑、狂记平凡的小点子时，你其实已经离灵感越来越近了。

记灵感需要练习，更需要毅力

记灵感本身也需要练习，你必须先训练自己的观察能力，看到万事万物时不妨都问问自己“感受到了什么，联想到了什么”。

这样的观察思考必须刻意执行，你要逼着自己去看、去想。慢慢地你就会发现，对同样的事物，你能看到越来越多的细腻处、想到越来越多的连接点，这就表示你的观察能力和感受能力正在不断提升。长期坚持，观察思考就会渐渐内化成为你的思考反射，你的大脑会一天比一天更容易迸出新的点子。

记录灵感，无关天赋，只问你愿不愿意将这一行动落实到生活中的每一刻。

不要相信记忆，请相信纸笔。在刚起床时、睡觉前、洗澡时，在许多你懒得记、不方便记的时候，你能不能“逼自己”立刻用纸笔或手机将所见所想记录下来，这决定了你能否比别人拥有更多的写作筹码。

天赋还需要靠勤写来打磨

这时你可能会想：“这方法好累、好笨啊，我脑中常有一堆酷点子，我从来不缺灵感，不用这样记我也可以写作！”

也许你真的是可以随时拥有灵感的聪明人，但是，聪明、记忆力好的人就不需要勤记了吗？刚刚我们提到的点子记录狂“诗鬼”李贺，难道因为他是一个才能平庸的创作者才那么刻苦记录吗？

事实恰恰相反，李贺是出了名的神童，7岁就以写文章出名。韩愈特意去考查李贺是不是有真才实学，李贺当场写了一篇《高轩过》，文采飞扬、气势浩荡，让韩愈又惊又喜。

连李贺这种天才都这么勤记苦写，作为普通人的我们是不是更该努力呢？

另外，我们还可以换个角度来思考，李贺是真的有天分，还是因为他下过这些苦功，打下了深厚的基础，才让他获得了天才之名呢？

无论怎么说，李贺就算是天才，也绝对是一个比谁都刻苦勤劳的天才，他刻苦记录的事迹千古传颂，并留下了“呕心沥血”这个成语典故，让后人都记住了他的努力。

写作是可以通过练习取得进步的，那么，第一步就从练习记录灵感开始吧，后续我们再慢慢来谈如何运用灵感。

如果你记累了，那就想想李贺的勤劳。他因体弱多病而英年早逝，但在短短 27 年的人生中，他留下了超过 230 篇作品，让 1200 年后的我们依然记得他的大名。而他的名句“天若有情天亦老”也在浩瀚诗篇中，成为我们永恒的记忆。

写作技巧训练

从今天起，请每天逼自己记下 3 个点子，只要心里有一点点感想就记录下来。不求灵感，只求按规则执行。

为记录灵感，你可以利用随身笔记本或者手机的备忘录、录音、拍照功能等，形式不限，只要能够随时随地记录即可。

先不要嫌自己记下的灵感不够好，要相信时间的威力，一个星期的 21 个灵感中，只要有一两个还不错，那么通过一年年的不断累积，你就会有一个自己的灵感宝库。

在记录灵感的过程中，更重要的是让自己养成观察思考的习惯，有一天你一定会发现，那些看似平凡的感受，不知不觉就有了独特的样貌，成为你的上等写作素材。

联想：创意也需要练习，联想就是超能力

我在上一节中提到，要让记录灵感成为一个习惯，最好的方法就是宁可“错记”也不可放过，多记多得。

但这里还有一个问题，那就是万一看到万事万物时真的一点想法都没有，那该怎么训练自己变成一个有灵感、有创意的人呢？

其实激发灵感和创意也是需要练习的，甚至可以说“胡思乱想”是需要练习的。

当还是孩子时，我们都很爱做白日梦，所以人们常常会觉得小孩子充满了想象力。但在成长的过程中，我们常会听到“不要胡思乱想”“不要做白日梦”这样的教导，这就让我们的思维越来越务实，使“乱想”的能力日渐衰退。

下面三个小练习，可以让我们重拾天马行空的“创意联想”能力。

随机组合法

创意常常是将两个旧的事物组合成一个新的事物。

1770 年就有了橡皮擦，而铅笔更是早已被发明且普及开来。但直到 1858 年，美国费城的海曼·利普曼才率先将铅笔接上橡皮擦，并给这个组合物注册了专利，还将这个专利以 10 万美元的价格卖出，这在当时是天价啊！

创意，本质上就是一个旧中取新的结果。

你有没有想过，随便抓两三个看到的、想到的事物元素，可以凑成什么样的故事呢？

近年来，有关超级英雄的电影很热门，想想看，超级英雄加上“电风扇”可以变成什么呢？近年来，日韩偶像团体也很热门，想想看，韩国女团加上“杀手”会变成什么呢？

> 超级英雄 + 电风扇 = 狂风侠？
>
> 韩国女团 + 杀手 = 特务女团？

对于“狂风侠”这个组合物，我们可以将其想象成主角被某种神秘力量或科学技术影响，拥有了操控风的能力，然后发展出一个关于英雄成长的故事。

对于“特务女团”这个组合，我们可以这样想象：一组人气女团其实是由某政府机构培养的特工组织，她们一边举行巡演活动，一边执行暗杀任务，对此，女孩们都非常痛苦，想脱离组织，进而展开了一连串斗智斗勇的行动。

随机组合法是入门级的写作练习方法，每天抽出 10 分钟，随便抓两三个元素组合起来，看看你可以想出什么故事。

重点是，一开始千万不要否定自己的胡思乱想。别说不可能，而是去想怎样才能成为可能，并试着去解答，以自圆其说。也许一不小心你就想出了一个好故事！

版本改造法

《异形》是一部 1979 年上映的科幻恐怖片，异形被称为经典的屏幕怪物。但你知道吗？当时电影制作方看完了《异形》剧本后，就为《异形》下了一个结论：“《异形》就是太空版的《大白鲨》。”

《大白鲨》于 1975 年上映，获得了巨大的商业成功，很多人却不知道《异形》的叙事手法、拍摄方式与企划宣传方向，都与《大白鲨》有许多相似之处，简直就是把大白鲨的故事搬到了太空中。

版本改造法是商界最常见的方式之一，电影《血红帽》就是童话《小红帽》的恐怖版，电影《赌圣》就是《赌神》的搞笑版。

我们在网络上常常看到的“时事跟风搞笑”也是一种版本改造，像“古人撩妹语录”爆红后，音乐家版、科学家版等版本也都跑出来了。

在进行版本改造法的练习中，你也可以找一个自己喜欢的小说、电影、童话故事等，试着思考一下，它可以变成什么版本。

“恐怖版”变“搞笑版”，“男生版”变“女生版”，“火车版”变“飞机版”，“奇幻版”变“科幻版”，“儿童版”变“成人版”，“西方版”变“东方版”，等等，先不要否定自己的想法，而是试着去想“会变成什么”，逼自己想得更多。

熟悉这个技巧后，你会发现很多创意故事原来都只是版本改造的产物，要成为一个创意高手，其实也没有那么难！

情节接续法

我非常喜欢玩《妙语说书人》这套桌游，一套有 84 张不重复的图案卡，场景五花八门，有的是小女孩跟玩具熊背对背哭泣，有的是刺猬拔出背上的刺当箭射出，等等。我常常随机抽一张卡，试着让自己看图说出一段情节，然后再抽一张，看图说一段接续上段的情节，就这样将故事接下去。

人的大脑其实先天就有一个“情况预测机”，会猜测一件事的后续如何。比如，人们每当听到了一个故事的开头，或者看了一个电影的预告片，就会很自然地联想之后的情节。场景给得越具体，人就越容易联想。

要练习情节接续法，最方便的方式就是到优兔网站（YouTube）上搜索“电影预告”，看完一个你没看过的电影预告内容后，试着写下之后发生的情节，写得越多越好。

开始的时候，你可以先要求自己写到 300 字以上，后续再慢慢增加字数，练习想出更多情节。

当你越写越多，写到灵感枯竭，或者把故事都编完后，就可以将那部电影找来看看，对照一下你的创意跟编剧的想法有没有重合的部分。也许你会发现，你想出了比原版更棒的剧情！

这就是创意练习的有趣之处。不要急着去找正确答案，而是不停地逼迫自己去思考各种可能性。

“没有正确答案，只有我想出来的才是答案。”只要秉持这种勇于探索未知的习惯，你就一定能成为有创意的人。

写作技巧训练

随机组合练习

用工人、项链、故人这三个元素，你可以编出一段什么情节呢？记得要将三个元素都用上哦。

版本改造练习

一个和尚挑水喝，但是有三个和尚时，三个人互相推诿挑水工作，大家反而都没水可喝了。

如果将这个知名的小故事改成恐怖悬疑版本，你会怎么写呢？

情节接续练习

有一天，你在麦当劳发现旁边桌上有一部手机，却没有看到主人。当你拿起这部手机正要交到柜台时，手机铃声响起，来电显示是“不要接”三个字。你吓了一跳，正想挂断电话，却失手按了“接听”键，电话那头传来声音，你忍不住将手机靠近耳朵……

接续以上情节，你可以写出什么有趣的故事呢？

刻画：文字就是画笔，文章就是画布

你有没有试过写生呢？就像画家一样，拿着绘画工具来到户外，在画纸上描绘你所看到的景致，尽力将眼前的画面真实完整地留存在画纸上。

你知道吗？写作中也有写实笔法，即靠文字重现作者眼前看到的场景。让我们依序进行以下三个阶段的练习吧！

由概略到具体

写作的一个入门练习，就是将概括、模糊、不清楚的叙述转为具体明确、清晰的叙述，详细写出“在场有什么事物，它们是什么模样的”。

举例来说，同一个园游会的场景，从模糊到具体的描写分别是这样的。

范例一：园游会上有很多人。

范例二：园游会上有表演者、摊贩，还有游客。

范例三：园游会上有哑剧、魔术、街舞在表演，还有炸鸡、冰激凌、手摇茶等摊贩在叫卖，许多爸爸妈妈都带着小朋友们前往，也不乏一对对情侣牵着手到此约会。

“范例一”的写法让读者的头脑中只有模糊的“人”，除此之外，读者就很难想象园游会上的其他画面了。

在写作时，详细描绘出更多事物，能帮助读者想象画面与情境。所以，“范例三”的写法明显会让更多画面浮现在读者的头脑中。

由具体到细节

写作中，非常忌讳拉拉杂杂地说一大堆内容。因为什么都想说会导致读者抓不住重点，其实就等于什么也没说。

当你想描述的事物颇多时，反而需要逆向操作，聚焦一个事物细细讲述，这会更容易给读者留下印象。

还记得园游会上有个卖炸鸡的摊贩吗？当描述完园游会的概况，在读者脑中建立起完整场景后，我们可以尝试选这个炸鸡摊进行细致描述。

远处亮着金色招牌灯的炸鸡摊，在我第一秒瞥上它时，就抓住了我的眼球。招牌上还画了只胖胖的Q版小鸡，摊车、铁盘、炸台看起来都像是新的，应该是刚开业不久。

老板是个年轻男生，目测不到25岁，身材精瘦，黑背心都湿透了，但脸上酒窝挂着阳光的笑容。

他的手臂上有数不清被热油溅到的烫疤……

想一想，以上都有什么小地方被刻意写到了呢？胖小鸡、新器具、湿透的黑背心、酒窝、烫疤，这些细节接连出场后，你脑中的画面是不是越来越真实，好像真的看到一个年轻小老板对着你笑的样子？

比起所有地方都蜻蜓点水地略写，特意选取一个场景精雕细刻反而可以让读者记得更深。

但是这样就够了吗？当然不够，后续我还会讲到细节描写，将生动的小细节与人的感官连接起来会让文段更形象、传神。

由细节到五感

人是感官动物，如果在文字中描写人的“视、听、嗅、味、触”（五感），让读者联想起自己的相关感受，就更容易为其留下印象。同样以炸鸡摊为例，还可以这样写。

老板将刚蘸上面粉浆的鸡排滑入油锅，立刻响起吱吱的油炸声，身旁的排气管也散出暖意，空气中渐渐弥漫开炸鸡的香味，越来越浓。

我接过刚出锅的、外皮已被炸得金黄酥脆的鸡排，烫得我几乎拿不住。

撕开脆皮，炸鸡流出的肉汁在阳光的照射下闪耀着光芒，我迫不及待地咬了一大口，口中顿时充满炸鸡肉的鲜嫩滋味，腌过的肉还带着些微辣。

因为吃得太急，有点被热汁烫到了，口腔里有些淡淡的刺痛……

希望你不是半夜饿着肚子读这段文字，否则应该会勾起你过去吃炸鸡的回忆。

除了描写细节，你若能将五感也用上，刻画的功夫就算及格了。

虽然写实刻画只是写作的入门功夫，不过千万不要嫌它朴实而不去练习！大画家毕加索的抽象画世界闻名，但早在 14 岁时，他就已经是一个写实画的高手了，他的《姑妈佩帕的肖像画》就被评论为整个西班牙艺术史中最棒的画作之一。

一如写实画是每个画家的必经之路，写实刻画的写作方法也是每个作家的修炼基础！

写作技巧训练

找一张带有美味场景的照片，练习用文字刻画这个场景。

建议：

1. 先点出场景的概况，让读者在脑中建立画面全景。

2. 从全景中挑选一个重点进行细节讲解，加深读者的印象。

3. 在细节上再添加五感描写，勾起读者的感官经验。

这个练习要挑战的是，能否让他人就算没有看到这张照片，通过读你的文字也能够在头脑中描绘出相同的场景！

洞察：每一个相遇、擦身，都是人生的缩影

《黄色脸孔》一文中，福尔摩斯只凭陌生人遗落的一个烟斗就进行了推理："烟斗能展现出一个人的个性。这只烟斗的主人显然是一个身强力壮的人，惯用左手，有一口好牙齿，性格粗枝大叶，经济富裕。"

通过一个烟斗就可以推理出这么多信息？看着面露疑惑的华生，福尔摩斯接着解释道："这是格罗夫纳板烟，八便士一盎司[①]。"福尔摩斯边说，边把烟斗中的一点烟丝倒出："用这一半的价钱，就足够抽上等烟了，可见他的经济富裕。"

福尔摩斯继续说："你可以看到这个烟斗的一边已经烧焦了。用火柴点烟是不会弄成这样的，可见他有直接在油灯上点烟斗的习惯。而烧焦的只是烟斗的右侧，由此我推测他是一个惯用左手的人；烟斗的琥珀嘴已被他咬穿，说明他身强力壮，牙齿整齐。如果我没有弄错的话，我已经听到他走上楼来了，那么，我们就可以研究一些比这烟斗更有趣的问题了。"

① 1盎司约合28.35克。

那个陌生人一露面，果然全都被福尔摩斯说中了。像这样看似超能力的推理，其实背后都有线索与逻辑做支撑。

我也常说一句话："好的写作者要像侦探与心理师，从表面找线索，从证据推性格。"这也是我们本节要做的练习。

从表面找线索

你是否观察过路人？如果你试着从路人身上找线索，其实可以看出很多故事。

比如，一个学生一手拿着星巴克拿铁，一手拿着苹果手机。这时你就想：他是怎样的人？家境是否富裕？父母是否特别舍得给他花钱？父母会是什么职业？他在学校的人际关系如何？

又比如，一个上班族女子坐在公交车里，手里拿着一本《被讨厌的勇气》在阅读，你觉得她是一个怎样的人？她是不是有什么人际关系上的烦恼？

做个练习吧，当你看到路人时，在不构成骚扰的前提下（这点很重要），试着仔仔细细地打量他，观察他的穿着造型、表情、肢体及行为言语，然后尝试在脑中回答下面几个问题。

> 他的身份、职业、年龄、社会关系是怎样的？
> 他打算做什么？平时都在做什么？有什么习惯？
> 他在别人眼中是怎样的人？平时的生活环境如何？
> 他有什么样的人生经历？

但光从表面搜集还不够，我们还要进一步往人的内在发展。

从证据推性格

人的行动往往反映其内心的想法。

如父母因为孩子考试成绩很差而惩罚他，可以反映出父母的观念是“读书对人生很重要”。

又如一个客人因为超市店员手脚不够快而大吼大叫，可以反映出他是一个急躁、冲动、没有同理心的人。

还如一个学生跟他的同学抱怨自己补习补得很痛苦、爸妈都很严厉，可以反映出他渴望自己有更多自由却害怕惹怒父母。

而从上一步骤中的路人的外表、言行搜集到足够证据后，我们可以再去猜想下面几个问题。

> 他的言行可以透露他的哪些观念？
>
> 他应该是一个具有什么个性的人？哪些形容词适合来形容其个性？
>
> 他现在的目标、梦想、渴望是什么？
>
> 他现在的阻碍、烦恼、恐惧是什么？

你应该养成思维上的反射动作，看到任何路人都能通过上述问题进行自动解析推理。

虽然可能猜错一个人的经历与内在，但“对错”从来不是这个练习的重点。重点是强迫自己去观察人、理解人。这也是优秀作家的看家本领。

这一招也可以用在人际沟通上。当与朋友、家人、同事吵架时，你可以静下心想一想：“他的意见跟我不同，是因为他有哪些观念？他的动机是什么？他想要什么？他想抗拒什么？”当我们抓位了一个人的行为深层原因，往往也能更好地化解冲突。

写作技巧训练

在你空闲、通勤、逛街时，请试着观察路人的穿着造型、表情、肢体及行为言语，再尝试问自己上述几个问题。

你可以先这样写：

因为他穿着校服，所以他是学生。

因为他全身都是名牌货，所以他的家境应该不错。

因为都已经晚上11点了，他还可以跟朋友在外面闲逛，所以他的家人应该不太管他。

因为他满口都是脏话又大声喧哗，所以他应该是一个以自我为中心、比较不在乎他人感受的人。

列出“因为……所以……”能让你的推论更有根据，不会沦为胡思乱想。

如果可以的话，请天天进行这样的练习，尽量练到将这一行为变成思维上的反射动作。先不用在意推论的对错，只看自己有没有养成思考的习惯！

侧写：一个动作一句话，每个人物皆不同

被誉为“短篇小说之王”的莫泊桑，年轻时也曾为写作烦恼。他来到福楼拜家，请教该怎样把人、事、物写得生动。福楼拜只说了一句话：“去门口站着，看每天经过的马车。”

莫泊桑每天站在门口看马车经过，实在看不出什么名堂，只好再回头去找福楼拜，他说：“我每天看来看去，都很单调，没有什么特别的。”

福楼拜笑着说：“怎么会没有特别的呢？你注意到晴天马车是怎么走的，雨天又是怎么走的了吗？你注意到马车上坡与下坡时分别是怎么走的了吗？你注意到车夫遇到大太阳与暴风雨时脸上的表情了吗？巴黎的车夫那么多，但你笔下的车夫应该是全巴黎‘独一无二’的车夫，你觉得这还单调吗？”

这个观念重击了莫泊桑的心灵，对他日后成为伟大的现实主义作家产生了重大影响。

前面两个小节分别从“细节刻画”和“人物洞察”方面进行了练习，这一节的练习必须要再升级，我们要从别人的言行中做侧写

记录。

在生活中采访

请回忆一下你看过的谈话性节目里的主持人都是怎样访问来宾的。其实，在日常生活中，你进行采访的机会也高得吓人。

你一定会想:“我又不是主持人或记者，怎么有机会采访别人呢?”

其实，在跟朋友闲聊、在与陌生人寒暄时，你就是在进行采访。只要你有提问，甚至追问，你就是在访问。你缺乏的只是将你听到的回答做记录，并思考其中的人物特质。

有时，你没有与某人闲聊的机会，比如公司董事长、卖盗版的摊贩、执勤中的警察，但只要长期观察他们，你依然可以从他们的言谈举止中写一份侧写记录。当然，请注意自身安全。

从写作训练角度来说，生活言谈即是采访。具有这个观念后，你就能认真地对待每个闲聊机会。

说到这你可能会想，这跟上一节“洞察练习”有什么不同?“洞察练习”主要训练你观察后的猜想推论能力，而侧写练习则着重于细节处的言行纪实，其中更包含有刻画细节的能力。

在言行中捕捉

在采访或观察时，除了推理线索，更重要的是“言行留真，由小见大”。不仅要猜想，还要真实记下当事人的行为与话语，因为通过言行才可以真正看出一个人的本性与价值观。

而真正的关键则在于，当某个能“由小见大”的言行一闪而现时，你能不能精准地捕捉到它。

我曾经采访过好几位视障音乐家，其中一名50岁左右的女性视障歌手，独自住在某市中山区一栋出入人员复杂的大厦里。大厦周边皆是特种行业场所，她的住处是约三张双人床大小的出租屋，里面堆满了杂物，走道极为狭窄，根本没有放椅子的地方。可以感觉到，她的生活应该过得不算好。

听完她叙述生命中的种种苦难，此次采访就完成了。当我收拾器材要离开时，她坐在唯一清出的位置对我说：“把门带上就好。”

我问：“不用锁门吗？”

这时，她说了一句让我一辈子都忘不了的话：“我只有命一条，没有什么好偷的。”

一句寻常的话，却像是她一生的经历与感悟的凝结。

过了这么多年，她说这句话时的画面在我脑中依然清晰。我不用向你介绍她的人生，光这句话就足以展现她的悲伤与无奈。

像这种能凸显当事人内心的言行，就是我们采访时应该捕捉的重点。而这类最真实、最能呈现个人本质的言行，总会藏在当事人的日常言行中。

这不是设计出来的，也无法在宣告采访“开始”后捕获，只有认真观察生活中的微小言行，才能抓到那一闪即逝、不经意却最自然也最立体的人物本质。

这就是侧写训练必须在完成“刻画”与“洞察”的训练后进行的原因。精准的侧写能力建立在作者长期观察以及对细节的发掘、对人心的理解这些基础之上。

就如同福楼拜所说，写作必须要写出一个“寻常却与众不同”的人。而这个技巧就建基于抓到一个能“由小见大”的真实言行。

写作技巧训练

请找一位朋友面对面聊天，但别让他知道你的目的，记住你要的是最自然的他。如果没有机会闲聊，可以改为长期观察，甚至偷听对话，同样可以做言行记录。

请你在观察时默记下他的动作、说话内容以及肢体、表情、语气，看看有没有一句话或一个行为能彰显他的内心思想，呈现他与其他人不同的特质或价值观。

感受：抽丝剥茧解情感，落花水面皆文章

在由漫画改编的日剧《重版出来！》里，有个新人漫画家叫中田伯，他的作品被他的老师评为“分镜与故事结构近乎完美”。但中田伯有一个严重问题：身为一个创作者，却没有共情能力。

也就是说，他对他人的喜怒哀乐完全无感，无法感同身受，自然也无法将情感投注到作品中，这几乎是创作者的致命伤。

我常跟学员讨论“什么是写作天分，怎样算是有天分的人”，最常得出的两个结论是“灵感 / 点子”和“感受敏锐度”。

我们在“灵感”一节中已经讨论过灵感 / 点子了，好点子是靠人的勤劳积累而来的，是可以靠后天弥补的。但敏锐度呢？它可以后天习得吗？

我常跟人自嘲说：“我是一个泪点很低的人。”但其实我心中隐隐为此而感到自豪，因为这些情绪是我源源不断的写作动力。

假设同样一个事件在你我眼前发生，也许我从中感受到了悲伤、愤怒、无奈、遗憾，你却说：“我没有什么特别的感觉啊，我觉得还好啊。”

我有感的事件会成为我的写作素材，但一个你无感的事件自然无法成为你的写作素材。

清代文学家王永彬在《围炉夜话》里说道："观山岳，悟其灵奇，观河海，悟其浩瀚，则俯仰间皆文章也。"如果能做到看万事万物都有感触，那么你能够记下的素材自然就多得数不清了。

如何提升对人、事、物的感触？善于体察情绪和感受就是本节要做的练习。

如何形成共情

人为什么会对他人感同身受？

讲得具体一些，比如，当我们看到有路人摔伤，手肘和膝盖的血从伤口慢慢渗出，为何我们也仿佛觉得疼痛呢？甚至还会说一句："哎哟，看起来好痛啊。"

原因很简单，因为我们曾经受伤过，流血过，疼痛过，所以我们会很自然地会唤起过去的记忆，甚至在脑中将自己代入眼前的场景中，这时候"感同身受"就产生了。

反过来说，如果你向一个从没有谈过恋爱的朋友哭诉你失恋了，心有多痛、多想去死，他是很难体会你的心情的，因为他没有类似的经验可以调动。

因此，对他人共情建立在与自身经历的连接上。对此，我们既要增强对他人情感的感受力，也要从自身的情感入手。

如何增强感受力

当你日后产生“强情绪”时，比如，强烈的悲伤、愤怒、高兴、害怕、沮丧、恶意等，你可以停下来问问自己，为什么会产生这些情绪？能做一段文字记录会更好。

如果当下你因情绪过于强烈而无法理性解析，也可以等一段时间，比如睡觉前、隔一天后再进行自问与记录。

以下是我在舍不得与亲人离别时记下的。

> 人生是一列无法回头的列车，我们都有各自的上下车时间。父母、朋友、伴侣只是陪着我们游历了一段路，无论长短，他们终究会向我们告别，独自下车。
>
> 你可以挥挥手送他们，但他们不希望你泪流满面地继续接下来的路程。
>
> 既然我们无法跳车，那就只能把握好时间，看看窗外的风景，看看身旁的人，努力把这一切印在心中。轮到我下车的时候，希望我可以轻盈地走，无愧这段路途。

每当生活中有不愉快之事时，我总会安慰自己：“好在我是一个写作者，所有的负面经历都是我的写作素材。”

诺贝尔文学奖得主海明威也曾说：“作家成长的条件是不幸的童年。”这句话当然不是要我们去追求不幸，而是在勉励我们，即便被不幸绊倒在地上的时候，也要尽力抓一点什么再站起来。

让人生没有纯粹的不幸。

写作技巧训练

请在你的一个强烈情绪事件的当下或事后思考：自己为何会产生这种情绪感受？当时的想法是什么？这个想法背后的成因是什么？自己渴望和抗拒的是什么？

请随时记录，一旦产生了强烈情绪事件，就自己主动记录一下。长期践行后，你一定可以感受到这个训练对自己的帮助，不只是写作上的，也是生活上的帮助。

深读：阅读就是批判，阅读就是推理

我们都知道阅读对写作有帮助，那么如何才能读得更透彻呢？

有一个小秘诀可以让你把书读得更透彻，那就是“以转述精华为目标”来阅读。

如果你知道读完手上这本书，下周就要上台作报告，那么在阅读时你是不是就更会去思考这本书的重点是什么、段落章节是怎么接续的、结论又是什么等问题？

就好像在学生时期，老师如果说“讲完这段后立刻进行测试”，保准每个学生都会聚精会神地听老师在说什么。所以提升阅读质量立竿见影的做法，就是逼自己每读完一本书就写一篇短评。

阅读短评写法

阅读短评没有固定格式，以下是我的习惯做法。

一、读书时在手边准备可用于记录的计算机、手机或纸，边读边记，因为感悟总是一闪即逝。

二、将短评格式做成两边条列式，一边记录这本书好的观念、做法、写法，一边记录自己不认同的。

三、记录时，也速记下“为何认为好、为何不认同、如何改善”等。

四、读完全书后，写下整体读后感，并下一个结论，主要涉及“本书重点讲的是什么、适合哪些人阅读、能给读者带来哪些启发或帮助”等信息。

简单来说就是“正反并呈，归因总结”，要具体点出哪里好、哪里坏，为何好、为何坏，以及自己的感受、全书的重点与结论是什么。

做法或格式可以自由调整，重要的是要有阅读的心法。

阅读的心法

苏轼的侄婿王庠曾问苏轼是怎么读书的，苏轼在《又答王庠书》中介绍了他独创的“八面受敌”读书法。

“八面受敌”其实是苏轼借用了《孙子兵法》中的术语。如果战况是八面受敌，那么战术并不是要八面出击，而是要集中力量击敌一面。

苏轼把一本书中丰富的知识比作敌人。他说：“书富如入海，百货皆有之，人之精力，不能兼收尽取，但得其所欲求者尔。故愿学者，每次作一意求之。”

意思是，好书的内容丰富得就像海洋，但人的精力有限，很难一次就理解所有内容。所以，读者在读书时，心中应该带着一个目标来读，那样会更有收获。

“带着目标读书”就是阅读的心法，可以先预设自己想从书中得到什么，解决什么问题，这样从书中得到的反馈就会变得更具体。

当我们立志要去海边找白石头时，因脑中有明确目标，双眼就会聚焦，而不会漫无目的地只看到一大片广阔的沙滩。

我们的阅读应该有意图，这一点反向也成立，世界上每一个作者写的内容其实都有其意图，我们在阅读时，可以推测作者这样写的意图是什么。

推测意图的方法可以从大到小：全书的主题—章节编排—段落的接续—所举的例子—句型与文法—人称与风格—选用的词汇—标点与断句。

对于这招“意图”心法，应该养成条件反射，这样阅读时就会同步思考。如果阅读时能抓到作者的意图，那么你对内容的理解也会加速。

我们看懂了作者的写作用意，无形中也就抓出了作者的写作技巧，从而让我们更容易仿效这些技巧，这其实就是一个写作的进阶修炼！

我觉得目标阅读法也呼应了“目标导向”的人生哲学。

如果我们为自己的人生设定了目标，那么在生活中我们就会有意识地花时间与精力去做能帮助我们达成目标的事。

倘若没有为自己设定人生目标，那么自己的时间和精力就会分散在日常的琐事中。如果行动上没有目标，当然就更不会去积极达成根本不存在的目标了。

由此可知，只要每一年都为自己设定一个大目标，或每一季都为自己设定一个小目标，再用目标带动意识与行动，人生就会更有效率，生活也会更精彩。

写作技巧训练

现在就找一本书来读，尝试按照着我说的“正反并呈，归因总结”写一篇短评吧，希望其他人看到你的短评就会有学习新知的收获！

如果真的不知道要评论哪本书，那就来解析一下你手上正在读的这本吧！

我一直认为读书是人生最划算的投资。作者一生的智慧被浓缩进几百页的纸里，让我们拿在手里，打包带走。

有些作者可能远在地球另一端，有些作者可能早已不在人世。每当我用指尖划过纸上这些由油墨化成的文字时，我都深深感谢我活在这个能尽情阅读的时代。

祝福你也能遇上几本改变你命运的好书。

辩题：经不起讨论的，都该重新被思想敲打

文章可以粗分成两种：抒情文与议论文。本节先讲议论文。

议论文有一个大目标，就是要说服人，哪怕在网络上写一篇食记、游记、开箱文，其目的都是要让读者“入坑”或者让读者避免“入坑”，这时能不能说服读者去做或者别去做，就是展现你的写作功力之处。

上一节我讲了读书要读出作者的写作意图，这一节接着来讲下笔前如何设置你的写作意图。也就是说，在下笔前，要知道自己打算写什么，清楚内容要从哪个方向着重展开，这样才能增加文章的说服力。

简单来说就是：下笔前，请先确定文章的主题。

从正反两面树立主题

在陈述任何事情之前，你一定会有一个预定的立场。要是没有的话，你的文章结论可能会是“这两个情况我觉得都可以，大家自己决

定吧”。

如果在职场上，你的文章敢这样收尾，你肯定会被主管“炸上天”。一个人在写文章时无法勇敢地站定立场，往往是因为对情况了解得不够透彻，这时就格外需要从正反两面去立论。

- 正面：赞同这件事的原因是什么？
- 反面：否定这件事的原因是什么？

先搜集正反两面的资料，再判断你觉得哪边说得比较有道理、有证据支持，最后再下笔写文章。

比如，你想讨论“上班族的年轻人该不该买房”。

支持买房的原因：将买房当作强迫储蓄、不用一直搬家、不用被房东限制、避免老了租不到房、有安全感、有奋斗目标、缴租金不如缴房贷、房价有增值可能、传统观念的影响等。

反对买房的原因：成为房奴、降低生活质量、可用现金过少、换房比较麻烦、房贷负担大、租住的房屋质量较佳、自有房要承担折旧维修成本等。

以上所列因对象的年龄段、居住地、收入、情境等的不同，会有所不同。在通盘了解后，你如何下结论？你的观点又是什么？说出你的观点才是最重要的。

你可以说：“买与租之间，反映的是自己想要什么样的生活。对我来说，有质量的生活才是人生的追求，居住应该是自由，而非捆绑。”

你也可以说：“买与租之间，反映的是自己想要什么样的未来。对我来说，让家人有个安稳的家，是人生必要的责任，也是该负的责任。”

有了自己的判断后，再下笔就有了方向感，知道写什么来支持自己的看法、驳斥相反的意见，文章的力道也就增强了。

挑战一个罕见主题

文章除了有你想表达的看法，有时也可以挑战一些“惊世骇俗”的观念，例如下面几句。

- 子女不一定要孝顺父母。
- 机会是留给不择手段的人的。
- 追求安逸也是一种人生哲学。
- 每个人都有自杀的自由。
- 不是每个人都需要梦想。
- 虚伪是一种必备技能。
- 婚姻中不一定需要爱情。
- 靠出众的外貌争取更多机会是一种本事。

写文章前同样要搜集正反两方意见，但不同的是，如果我们已经确定要颠覆传统价值观，那么在搜集材料时，自然要寻找对自己有利、对对方不利的材料。

读者已经看了太多有关正能量方面的文章，大家都知道要“爱、勇敢、孝顺、和谐、追梦、努力、公平”，这时如果能有一个

“前所未见”的新观点，而且依然能说得合情合理，能够服人，自然就会让读者佩服作者的思想与论述。这也是我们进阶写作技巧应该挑战的目标。

最后，我们挑战或颠覆传统观念，并不是为了哗众取宠，而是我们相信：“真相”经得起辩论和证明。通过辩论和证明，互相检验对方的说法和依据，我们可以从中挖掘出人生的智慧，从容地面对这个复杂的世界。

写作技巧训练

如果只是练习将一个议题的正反因素各自陈列，再表达自己的看法，这样的练习就有些小儿科了，所以我们就讲得再深入一些。

请你挑选一个从小到大在生活中常听到的观点，然后试着证明它是错的。

你同样可以采用正反两面来论述，一面讲它错在哪儿，一面讲不这样做好在哪儿。

如果你对挑战罕见主题还不太有信心，那我就给你一个轻松点的任务。大家可以看一下辩论类综艺节目《奇葩说》，选一集你有兴趣的辩题，先当个观众，观摩一下辩论高手们是怎么正反立论的吧！

提炼：你的人生舞台，你应该是主角

我常勉励一些有志写作的人："无论你现在是什么身份，都无法阻止你成为自己想做的人。"

为什么我敢这样说，当然是因为我曾经离写作非常遥远，以前的我其实就是个"杀鱼的"。直到 26 岁时，我还整天窝在不见天日的冷冻海产工厂，没日没夜地杀着鱼。

连这样的我都可以硬着头皮往写作这条路上迈进，你又有什么不可以！

我常常开玩笑说："如果要写一部关于海产工厂里的斗争与黑幕的小说，绝对没有人写得过我，因为我真实经历过。"

反过来我想问问你，你的人生又真实经历过什么？哪些是别人很少遇到而你却真实经历过的？

你可能会想，我只是一个平凡人啊，我的人生没有什么大冒险啊！

肯定有的，比如说你的职业。

工作是素材之源

作家林立青的正职是工地上的监工，2017 年他以《做工的人》展现了工地上的人生而闻名。

我有一个学员是个牙医，他以牙医为素材，出版了一部发生在牙科诊所里的推理小说——《牙医侦探：厘米杀机》。

很多朋友常抱怨自己上班好忙，没有时间写作。我却认为，工作也可以是你写作的素材之源，帮助你体会一些多数人无法触及的世界。

其实，现在多数作家都有一份正职，或者身兼多职。我也是如此。

我做期刊编辑时，不像做文字创作者这样自由，但也因为这份工作，我才有幸能采访到 12 位身障音乐家，让我能像阅读真人书籍一般，听他们亲口叙述自己在黑暗中发光的人生。

英国前首相丘吉尔曾说："人总是在一个不适当的时间，被推上一个不适当的位置，去做一件正确的事情。"

当你觉得你的身份、处境阻碍了你写作时，不如反过来想，既然我短期内无法改变自己的身份、处境，那我可以利用它们来写些什么呢？

"你喜欢的"如同你的左手，"你不喜欢的"如同你的右手。有智慧的人应该学着让两只手都能派上用场。

生命是最佳素材

我在冷冻海产工厂工作时，那里有个技工叫荣哥。我跟他其实没有太多交集，但我记得有次跟他聊天，他说他看中了一辆车，想买，然后就可以载着他的老婆、小孩、父母一起出游。这是他留给我的唯一印象。

后来有一天，听说荣哥失踪了，他在家里留了一张纸条，纸条上写着“我去爬山，不要找我”，接着便音信全无。他的老婆报警了，警方调看监视器知道他去了某座山，然后动员人力去搜山，但一无所获。

七天后，有一名登山客报案：在一个山洞前，发现了荣哥的遗体。

我们都想不通，正值壮年的他，父母都在，小孩还在读高中，在日常生活中他没有任何异状，怎么会发生这种事呢？是意外吗？是自杀吗？

真相，只有荣哥自己知道了。

美国著名作家马克·吐温曾说：“现实比小说还离奇，因为现实不用考虑合理性。”

是的，对于生命中的很多突然事件，我们往往无法察觉任何蛛丝马迹。生命的残酷正是为了提醒我们生命的宝贵。

当你心中有话不吐不快，想拿笔写下时，我想，那肯定是你遇到了生命中珍贵的素材吧！

在本章的前八个小节中，我讲了“相信毅力”“大胆创新”“留心细节”“揣摩内心”“捕捉独特”“解析情感”“推敲意图”“正反辩证”，无论是对写作还是对人生，我想这都是有帮助的训练主题。

作为本章最后一个小节，我要说的很简单，那就是请你好好生活，用心感受。

写作是思想的凝结，而我们活着时的每一秒都在思考，不管你愿不愿意，写作都已是你人生的标准配备。

既然如此，何不好好写，用心写，让你的人生因为你的思想而与众不同！

写作技巧训练

你有多久没有写日记了？有多久没有好好关注自己的生活了？

在前文中我们做了很多练习，比如灵感、刻画、洞察、侧写、感受，都是为了让你可以好好做这个“提炼”的练习。

观察自己的日常，观察每天都见面的人，思考一下，有没有某件事、某个人给了你某个感悟，影响了你的人生观？

本节的练习，就是请你记录下自己的人生片段，最好是那些影响了你的人生观并让你有所感悟的片段。你就是自己的人生主角，这一段经历将因你的记录而别具意义。

第二章

理性写作的9个技巧：

写作是精密的科学

布局：点清楚谁要上场，定明白谁要站哪里

你看过足球比赛吗？如果你对足球不熟，下次看球时你可以注意一个重点，那就是看 11 个上场的球员在场上的站位，并观察不同站位的球员分别有什么任务。

球员的不同站位就是“布局”，也是我们写文章时同样要做的内容设定。

我在“辩题”中提过，写作要先确定主题。主题是写作的方向，有了方向，我们再去展开，思考在内容中要提到哪些环节、各环节的“站位”又该在哪里。

用小标题来建立架构

我们要养成一个习惯，写作前先列一个大纲。也许你会说，我就打算写短短 800 字，还需要写大纲吗？

我建议，在写短文前依然要先写“小标题”。比如，我曾写了一篇《我们该怎么学故事》的文章，它的小标题与内文概要是这

样的。

一、跟笔学：说明写作能力必须通过大量练习来提升，并且要定期产出作品。

二、跟书学：熟悉基本的故事写作理论。

三、跟流行学：将学到的知识与时下流行的事务/事情结合起来。

四、跟市场学：分析当下成功作品的成功因素。

先设定大标题，再设定小标题，然后写内文概要。这样，你就在头脑里形成了全文的架构，写正文时也不容易跑题，内容也会比较精准。

除了学校老师教的“起承转合”，还有三种好用的布局，即“分述总结”“依序推进”“正反对比”。用好这三招，写论述类文章就绰绰有余了。

分述总结法

所谓分述总结，指确定好文章主题后分别列举相关项目。

以我写的《轻轻松松提升文笔的 4 个写作技巧》为例，文章的主题是“提升文笔”，其中又有四个方法。

人物描写：运用人物的言行呈现内心想法。

细节刻画：明确写出物品与细节，暗示更多信息。

比喻：多用具体事物模拟，让抽象变得易懂。

“仿拟诗”：运用重复、排比、留白等技巧创造美感。

以上四点都与“提升文笔”有关，每一项都紧扣主题。

我们常看到的社论或网络帖文，当它们要说服他人去做某件事时，通常会如下编排。

内容主张：请减少使用一次性餐具。

原因分述：原因一、原因二、原因三……

文末总结：基于以上几点，所以我们应该减少使用一次性餐具。

这种布局就是分述总结法，能让读者清楚地抓住你的主张依据，是一种基础且好用的方法。

依序推进法

所谓依序推进，指确定文章主题后，将每个段落按固定顺序排列，层层深入。

以我写的《完整写作训练 4 循环》为例，文章的主题是“如何有效练习写作”，共有四个步骤。

一、练习读：根据你的写作目标进行阅读。

二、练习写：建立刻意练习模式，先模仿名家的写作方法。

三、练习想：读写时应有的思考模式是质疑作者、质疑自己。

四、练习改：说明修改稿件的重点与修改稿件的必要性。

回头看一下“分述总结”的举例，如果我不先讲“人物描写”，而是先讲“仿拟诗”，那么这篇文章也是成立的，因为这四点没有固定的顺序关系。

虽然“依序推进”同样是列举分项，但其彼此间有不可随意调动的顺序，这是其与“分述总结”最大的不同。以上而提到的“请减少使用一次性餐具”为例，可以这样排。

内容主张：请减少使用一次性餐具。

原因推进：会造成环境污染，消耗资源，进而造成生态危机、物种灭亡，最终导致人类自食恶果，自取灭亡。

文末总结：为了避免悲剧的发生，我们应该减少使用一次性餐具。

当你的内容需要推衍说明或有步骤流程时，特别适合使用依序推进法。

正反对比法

所谓正反对比，指确定文章主题后，列举对照正反双方论点，评论优缺，以烘托出主题。

这个做法我们在“辩题”中的“正反立论”里已经提过。下面同样用“请减少使用一次性餐具”来举例。

内容主张：请减少使用一次性餐具。

正面论点：减少使用的种种好处。

反面论点：持续使用的种种坏处。

文末总结：对比之后可以明显看出，我们应该减少使用一次性餐具。

使用正反对比法的好处，是可以将好坏优劣并列，由反面来衬托正面，这样读者就能立刻判断出应该怎么做，使文章更具说服力。

以上三种布局法都有其使用时机，从举例中也可以看到，同一个主题，用三种不同布局来写都能成立，用哪种全凭写作者的决定。

文章布局就像踢足球一样，并不是派出 11 个人往场上一站就没事了，还要确立战略布局，比如，前场几个人、中场几个人、后场几个人，并且明确他们各自肩负的任务，这样一篇文章才能发挥出最大的威力。

写作技巧训练

先设定文章的小标题，有了文章架构后，再开始撰写正文。有时候，我们光看一篇文章的小标题，就可以感受到文章的说服力。

你也可以练习将同一个主题，用本节讲到的三种不同布局来写作。如果不打算写全文，也可以只写大标题、小标题与段落概要。

结构：千百种公式，都在讲同一个心法

很久以前，我看到一档综艺节目访问周星驰，女主持人开玩笑说：“星爷，你的电影我知道，都是主角一开始很弱很弱，后面很强很强的那种。”

主持人用这样一句话总结了周星驰的电影，你认同吗？

我们回忆一下周星驰的《食神》《武状元苏乞儿》和《唐伯虎点秋香》，几乎都是这样，就算主角一开场并不弱，也会飞快跌入人生低谷，然后随着剧情发展慢慢爬升。这几乎是周星驰电影的必备套路。

这不是因为周星驰没新意，而是因为这就是所有大众故事、商业电影甚至民间童话故事的套路。这些不断重复但有效的叙事编排方式，就成了我们所说的“结构”。

有人说结构一直重复会很老套。我完全认同。

但它能够在市场上不停重复，就表示它有一定的效果。所以我们必须“偷走”它，并在上面建筑我们独创的城堡。

无论有多少教你写故事的书，分别列举了多少种故事结构，都

请你记住一个心法：所有的故事结构都是为了创造巨大的情绪落差。

三段式的三幕剧

当我们要写一个故事或写一段吸引人的内容时，必须先放入一个核心组件，即“冲突”。

冲突是人类的注意力吸引机，有了它，故事就有了重心。因此可以把内容拆成三段来编排。

触发→冲突→解决

这种三段式结构也是最基本的叙事编排“三幕剧”，早在两千多年前，古希腊哲学家亚里士多德在《诗学》中就提到过戏剧要分三段的概念。

以冲突为中心，前段描述冲突的起因，结尾呈现冲突的解决。这时主角的情绪应该是这样的U形曲线。

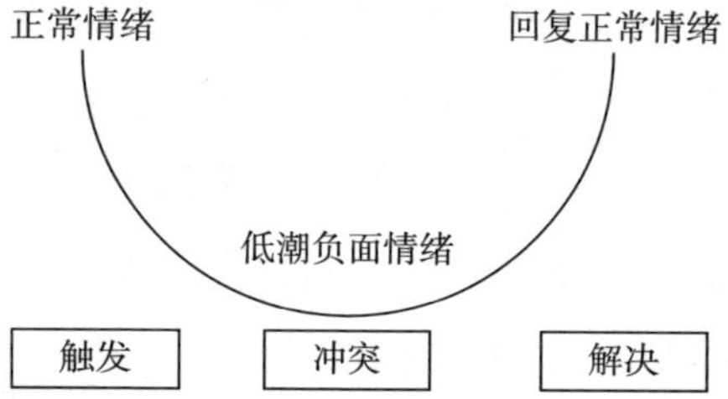

开场是正常的情绪，当冲突发生、无法解决时，主角会呈现紧张、不安、受挫、压力大甚至悲伤等负面情绪。最后，冲突解决，主角的情绪才恢复平稳。

读者的情绪会投射在主角身上，会跟随主角经历一路上的情绪起落，这就跟看影视戏剧是一样的。

你还记得我刚刚说过，结构是为了创造巨大的情绪落差吗？那么，除了这种U形曲线，还有其他方式可以将情绪落差拉得更大吗？当然有，那就是更常被使用的N形线。

四段式的起承转合

以前写作文，老师都会教我们要“起承转合”，其实这也可以用在叙事的编排上。

有时候，我们觉得故事的结尾有些虚弱无力，问题其实不一定出在结尾，很可能在于前半段没有创造足够多的铺垫。

打个比方，请你从地平面跳到地下二层，这样已经有些高度了吧？但还不够，现在我要你先爬到三楼，再往下跳到地下二层，这样落差就从两层楼高变成四层楼高，够震撼了吧！

“起承转合”其实是“三幕剧”的拆分，“触发”对应“起”，“解决”对应“合”，我们把中段的“冲突”再分拆为“承”与“转”。

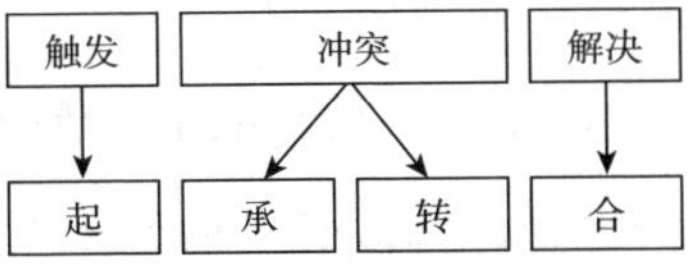

“承”是上升段，主角以为即将达成目标；“转”是下降段，主角从天堂猛然间摔落地狱。下面以《唐伯虎点秋香》为例来说明。

起：唐伯虎见到华府婢女秋香，惊为天人，决定潜入华府当下人，对秋香展开追求。

承：唐伯虎凭借才华逐渐掳获秋香的芳心，两人情感渐增。

转：唐伯虎的身份被揭穿，而华夫人对他恨之入骨，下毒谋害他。这时夺命书生闯入华府，要将华府灭门。

合：毒解后，唐伯虎不计前嫌打败夺命书生，解救了华府，最后顺利抱得美人归。

“承”就是编排中的爬高楼，让读者以为主角差一点点就要达成目标了，等“转”再一口气跳下来，狠狠摔落谷底，这种叙事曲线就像字母 N 一样。

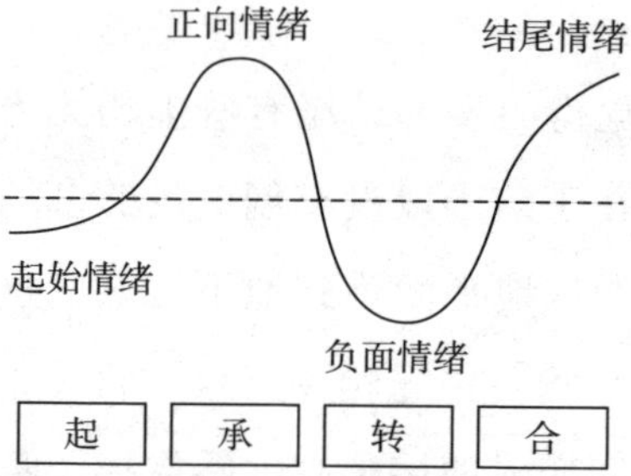

这时，中间段落是不是有了更大的落差与更多的转折？

如果不写复杂的长篇故事，基本的四段式“起承转合”已经足够让你日常写作中的叙事变得更加精彩。记住，使用“冲突 + 落差”，就能稳定发挥出结构的功效了！

每次讲到“结构”的技巧，总让我有个感悟：也许精彩的人生就像故事结构一样，一帆风顺的人生固然轻松安心，但跌落谷底后仍能奋起的人生才精彩，才值得我们钦佩。

不要灰心放弃，人生中每一次的身处谷底，都是为了下一次的再次奋起！

写作技巧训练

请你描写一段冲突事件，写短短500字以内的纲要即可，用“起承转合”编排四段，具体来说就是将事件分为“触发目标、上升的顺境、下降的逆境、冲突解决”，将情绪落差拉大。

完成后，可以尝试将作品的“上升段”也就是“承”剔除，改写成三段式结构“触发—冲突—解决”。感受一下当移除了叙事中的上升段，情绪落差是否会改变呢？

你也可以思考一下，这四段式结构如果不套用在故事中，而是用在散文上可不可以呢？另外，它可不可以作为简报提案或广告文案的结构呢？

悬念：一开场就要亮刀子，一开口就要吸引人

我曾经看过一本名为《文案训练手册》的工具书，作者约瑟夫·休格曼是美国知名的广告文案写作者。书中，约瑟夫提出了他一生写文案的精华总结。

> 文案，就是让读者看完第一句后，想看第二句，看完第二句后，想看第三句，看完第三句后……

你先不要笑，虽然这听起来像在说笑，但仔细想想，这其实很有道理却又很难做到。在这个信息爆炸的时代，每个人眼前都有看不完的内容，可以在 0.1 秒内就抓住读者眼球的内容，才可能拥有后续的机会。

本节我们就要练习怎么用第一句话就勾住读者，开启悬念。

悬念就是不寻常或危机

经常有人戏称某些八卦杂志的内容永远是“裸体 + 尸体”，其实这也呼应了人类的生理本能。

人类从远古时代起在大脑中就有侦测危险的雷达，一旦有潜在的危险或者有与日常不同的事发生，人类就会自动提高警惕，这时就是抓住其注意力的时机。

上一节我说过，吸引人的内容有个核心组件叫“冲突”，这招也是在触发人类进行危机探测。

比如，你正坐在火车车厢内，有两个男子突然相互叫嚣，甚至大打出手。此时，你一定很难把眼球从他们身上移开吧？因为你怕他们的冲突会突然危害到你。

再比如，你正在跟两个朋友一起吃饭，突然他们有些意见不合，开始闷头吃饭，不再交谈。此时，在场的你是不是也会觉得精神紧绷且小心翼翼呢？这就是人类的本能！

在写作中，我们就要将这种“不寻常或危机”放在文章的开头来勾人，可以这样来表达。

- 今天我与老婆大吵了一架。
- 刚刚，我不小心把自己反锁在了楼梯间。
- 下午，我被主管叫去会议室训话。
- 不知道为什么，有个男的一直对我抛媚眼。
- 我从来不知道，原来这样吃会致癌！
- 英国研究发现，每天睡眠超过 10 小时，死亡率将上升

15%。

· 情人节不想被女友杀，快上网买个 ×× 吧！
· 每天平均有 8 个人死于车祸，请支持 ×× 改革。
· 昨天，我已经死了一次。

如果你把以上的内容作为你的网络帖文的第一句，肯定会有一堆朋友热烈地留言问你怎么了？因为这些都太“吸睛”了。

想知道“不寻常与危机”有多好用、多被滥用，请上新闻网站看看那些人气新闻，或者上网络论坛看看热门帖子，它们几乎都采用这种“杀人标题”的模式，从而诱骗大量读者点击进去。

除了标题与文章的第一句话，如果整个文章的内容或故事设定非常有趣，也会营造出很强的悬念。

趣味就该直接有力

大导演史蒂芬 · 斯皮尔伯格曾说：“如果能用 25 个字告诉我一部电影的构想，那它可能会被拍成一部好电影。”这里的 25 个字指的是英文单词，转换成中文大约是五六十个字。

他想表达的是，好的故事构思应该是直接有力的，如果还需要解释一堆才让人觉得有趣，那它本身就不是一个好构思。

当一个故事构思还没有成为成品时，如果用两三句话就能让人抓到故事的趣味点，引人入胜，那么它自然会吸引投资方出钱，引起观众的观看欲望。

举个例子：你觉得《航班蛇患》这部电影在演什么？

嗯，没错，就是在飞机上——有蛇。

光看片名，观众就会知道他们进电影院会看到什么内容，得到什么样的刺激。影片靠片名就能吸引对此有兴趣的观众。

像《侏罗纪公园》《大白鲨》《异形》《星球大战》和《少林足球》，全部都是直接有力表达内容的有趣作品，光看片名便能了解作品的主题。

你有没有发现，以上片名其实符合“不寻常或危机”。这一招放在企划方面也适用。

再举个反例，《美丽心灵的永恒阳光》这个片名能让你预想到故事主题吗？应该很难，你只能从“心灵”“阳光”这些关键词中大致猜到它可能是个温馨的故事。

所以，本片在被引入台湾地区时，片商竟然将它翻译成《王牌冤家》。这完全是乱翻。但由此可知“直接有力”对一个市场作品的重要性。

要勾起读者的悬念，我们先学到了“不寻常或危机”，你可以从标题或第一句下手。它在企划上同样适用，但别忘了还要简短且易懂。

杜甫说：“语不惊人死不休。”虽然这好像有点要你夸大的意思，但我们可以这样思考：这世界上有太多言论，其中一定会有你不认同的、似是而非的言论，当你愿意挺身而出说出你的主张，却没有被任何人关注时，你说出的话还存在吗？还能发挥效用吗？你坚信的事还能得到传播吗？

所以，我们要设计悬念，这不只是让阅读被开启，更是让我们想说的话有机会被听见。

"吸睛"只是手段，传递我们坚信的价值观才是目的。

写作技巧训练

文章的标题、文案的标语、内容的第一句/第一段都应该能勾起读者的好奇心。现在请你用上面提到的"不寻常与危机"，创造出有吸引力的文章第一句吧！

当然，你也可以写一篇语不惊人死不休的文章。还记得我们在"辩题"中提过的罕见主题吗？创造直接有力的内容也是勾起悬念的方式。

你可以做个练习，当大致决定文章内容后，请用一两句话阐述文章的重点（有点类似总结），然后问问朋友，看看你浓缩成的这一两句话是不是吸引人。

反转：先让你误以为，再让你猜不到

心理学家爱德华·德·波诺于 1980 年提出“六顶思考帽”思考法，强调从不同角度思考同一个问题、客观分析各种意见后再得出结论。

我们先不讨论六顶思考帽的细节内容，只说这六顶帽子。其实这六顶帽子就是六种思维方式。俗语“换了位置，就换了脑袋”是一句贬义的话，但在写作上，“换脑袋”是一定要会的技能。一些很棒的文句都是多种思维碰撞组合之后的产物。

我们可以用最简单的正向思维与逆向思维的接续排列来体会创造文句的乐趣。

正逆思维的反转

日本之前举办过短诗竞赛，以下是其中一首优秀短诗。

如果你在天堂认出我，

请装作不认识我，

因为下一次也想由我向你求婚。

当我们读了前两句，以为两人有什么心结的时候，下一句突然变得甜蜜，原来是老公还想再一次跟老婆求婚，这样“先逆转正”的设计让文句变得精彩起来。以下是类似范例：

· 每个人都是昆虫，但我确信，我是一只萤火虫。（丘吉尔）

· 你有敌人？很好，那说明在你的人生中，你曾为某些事坚持过。（丘吉尔）

· 确认某些人是否值得信任的最好办法，就是相信他们。（海明威）

也有“先正转逆”的句型：

· 先要了解事实，然后你才能够随心所欲地扭曲误解它。（马克·吐温）

· 这个世界如此美好，值得人们为它奋斗。我只同意后半句。（海明威）

· 生命是一袭华美的袍，爬满了蚤子。（张爱玲）

以上名言是不是都非常有趣呢？当转折发生，与前句产生极端的对比时，是最令读者惊艳的时刻，也是运用反转的乐趣所在。

颠覆预期的反转

反转为什么让人觉得有意思？往往是因为读者想不到，但读者为何想不到呢？技巧就是，在铺陈的过程中我们创造了预期。

我们误导读者往“东”想，结果突然走到了“西”，超出了读者的预期，也就让他们觉得有意思了。这其实也是说笑话的基本套路。

> · 我朋友买了块登山手表，质量非常好，从悬崖摔下去都没坏，就是人死了。
>
> · 老师叫一名小男生上台跳个舞，小男生害羞，小声地说了句：“我不会。”老师说：“男孩子要自信一点，大胆一点。”于是小男生嚣张地喊了一句：“老子不会！”
>
> · 心理学上有个潜意识激励的说法，例如你每天早上出门前，对着镜子说一句“你很棒，你很棒”，一段时间后，那块镜子就会成为一块很棒的镜子。

以上三个笑话，看前半段时，人们在心中都会产生一个预期：“只是手表掉了”“小男生上台跳舞了”和“人被激励了”。但当最后一句冲出来后，马上颠覆了人们的预期，这就会让人觉得有趣。

灯塔在白天不会让人觉得亮，所以我们要为它找一片黑夜。当直述语句没有力量时，我们就要为它设计一个逆向铺垫。

如同黑夜中的灯塔特别明亮，反转后的语句也会令人眼前一亮。

写作技巧训练

请你照样设计一个句子，句子的前半部分是“逆向”的，后半部分“转正”。当然，也可以反过来操作，让句子的前半部分是“正向”的，后半部分“转逆”。

你会发现，原来要创造自己的金句语录也没有想象中那么难。但如果要强化反转的力道，就需要有更多的铺陈来误导预期。

你也可以设计一段自己生活中的笑话，练习先创造预期，最后再反转。也许你就是下一个搞笑天才！

转场：只要创造相似，就能穿梭时空

做过影片剪辑的朋友一定都很熟悉“转场”这个功能，它能过渡两个画面，可能是很夸张的特效，也可能是利用影片内容中的相似处，让两个画面结合得天衣无缝。

2017 年在台北举办的世界大学生运动会的宣传影片《台北我的主场，世界欢迎光临》，短短 1 分 45 秒的场景，就在“做家事的一家人”与“各类运动项目”之间频繁切换。

当我们要连接两个不同的场景或时空时，就可以用上转场这个技巧，本节就让我们来练习一下。

由 A 到 B 的转场

自然流畅的转场的核心技巧，就是找出两个时空的相似之处。如果没有，也可以自己创造一个。

雷恩跟随小队往战场深处前进，谁也不知道能不能活过下一个钟头，他背上厚重的通信设备，让他想起童年的厚书包，同样那么沉重，那么不愉快，课本上的字句都是黑色的锁链，让他……

利用背起的某个沉重物体，链接了“战场上的雷恩”与“童年的雷恩”，书包就是我们为“目的地”找出的相似物。

善用“创造相似”就能自由切换时间和空间。

除了“相似事物”，利用“相似五感”也可以让转场更自然。

“触觉”转“未来”

用餐时，她不小心把一滴汤水溅到了雷恩手上，温热又有一点黏稠。等到那滴汤水干成肌肤上的一层薄膜时，雷恩正与她在床上耳鬓厮磨、火热交缠。

“嗅觉”转“过去”

打开锅盖，卤猪蹄的香味就从锅子里蔓延出来，与10年前一模一样的味道，在这厨房里不曾散去，从妈妈第一次卤猪蹄时她就对我说，人生跟卤菜一样，要焖要熬，才会发香。

“听觉”转“异地”

小关就在小刘面前倒下，这次，是真的救不活了。小刘抱着的小关，渐渐冰冷，天上的乌云也越来越密，整个天都黑了，雨就快要降下，沉闷的雷声自远而近袭来。

“轰隆”一声巨响，大雨倾泻而下，小张在赶来的路上被淋得湿透，他心中依稀知道，自己迟了……

五感会直接勾起人过去的记忆、感受，借由五感勾起的情境能使转场更流畅自然。

由 A 到一、二、三的放射转场

叙事转场可以由 A 到 B，由 B 到 C，一路直线行进下去；也可以将 A 当作中心点，放射状连接“时空一、时空二、时空三……”。

虽然时空众多，但每次都会回到 A 时空，它就是基点，这样可避免短时间内跳跃太多空间，让读者感觉混乱。

本节开头说的世界大学生运动会的宣传片就是最好的范例，建议大家先到网络上看完影片再往下阅读。

“家”这个时空就是基点 A，由家中相似的活动连接六项运动。

一、奶奶扫地，其动作与挥高尔夫球杆相似。

二、妈妈抬桌子，其动作与举重相似。举重选手拍手的粉尘飞扬的画面与水雾相似。画面回到在家中擦窗子。

三、年轻男女两人面对面擦窗追逐，其动作与柔道搏斗相似。

四、爷爷拉开皮尺，动作与射箭拉弓相似。命中圆形的靶心，形状与炒锅相似。画面回到家中妈妈炒菜的场景。

五、妈妈眼睛盯着翻炒的蔬菜，动作与乒乓球发球时相似。乒乓球触网，动作与打蛋相似。画面回到家中妈妈煎蛋的场景。

六、男子跑去买鸡蛋时跳跃，其动作与跨栏相似。跨栏选手越过跨栏架，其画面与桌布盖过桌子相似。回到家中往餐桌上菜的场景。

影片中从“家”这个基点放射连接了高尔夫、举重、柔道、射箭、打乒乓球、跨栏六种运动场景，但每次都会先回到家中再转出去，有时还会找相似转回家中，让整体有一致性，不会让人因过度跳跃而觉得混乱，这就是使用基点放射转场的好处。

转场能力是写作者自由穿越时空却不被卡住的超能力。想要像时光机一样自由来去各个时空，那就先练习找出两个场景的相似点吧！

话说回来，不用这些相似转场会怎么样呢？

有许多小说要转场，就直接通过“后来、于是、隔天”等词转换时空，更懒的会直接做一行分隔线，一样可以完成任务。

所以，构思相似的转场，难道只是为了美感与技巧吗？不做也不会怎么样吗？

我认为，转场是作家的自我挑战，你可以费神构思，也可以直接打一行“*”分隔线，虽然结果大致相同，但过程、趣味大有不同。

有句广告台词说：“不做不会怎样，做了很不一样。”写作便是如此，那个小小的“不一样”，就是身为写作者的最大乐趣。

生活也是如此，我们热衷兴趣、追求梦想，也是为了让我们枯燥的人生可以很不一样。

现在，到你了。

在“不会怎样”与“很不一样”面前，你会怎么选呢？

写作技巧训练

叙述一段故事，并用相似连接两个不同的时空背景。也可以翻阅手边的小说，看看书中的主角要换场景时，作者是怎么写的。

如果作者没有运用转场，你也可以试着改写一下，用相似转场来连接。

视角：找出那个最适合说故事的人

2012年，因拍摄“Follow Me To”系列照片，也就是俗称“男友视角”照片而红遍全球的俄罗斯摄影师穆拉德·奥斯曼，他的作品最有趣的地方就在于，只拍女友的背影，露出一只手牵着女友的手，就像是被女友拖着走一样。

本来已经被拍到烂的世界著名景观，经过他这样换个视角一拍，瞬间给人带来崭新的感受，网络上也开始风行男友/女友视角的影片及照片。

换视角就是一件这么神奇的事。我们常听到一句话说：“只要换个角度，世界大不同。”在写作的世界里一样可以换个角度来书写，从而打开新的天地。

找出在场其他人的视角

我从新闻中摘取一段，改写如下。

> 新北市一名妇女指控，酒醉的丈夫与她口角后情绪失控，先是踹伤家中的狗，再拉着两人7岁的女儿吵着要离婚，连来劝架的妇女的母亲都被推倒在地。因吵架声音过大，惊动邻居报警，警方到场劝诫调停。

请问，上述新闻中有多少人在现场呢？

多数人很快会说出“爸爸、妈妈、女儿”这三个，再补一个“岳母”，细心的人还会说出“邻居”与“警察”。总计有这6个人在现场。

接下来，回头看一下，这段新闻叙述采取的是谁的视角呢？

想一想，有答案了吗？

答案是妇女，也就是妈妈，从她的立场来说明整个情况。

但有趣的是，如果改成从爸爸的视角来说，情况会不会完全不同呢？模拟如下。

> 新北市一名已婚男子指控，自己小酌返家后，妻子辱骂晚归的他，无理取闹，妻子新收养的野狗又突然咬了他一口，两人争吵得越来越严重，妻子便拖着两人7岁的女儿吵着要离婚。男子想拉开妻子的手，不料刚到场的岳母出手殴打了他，他只好奋力抵抗两人的攻击。因吵闹声音过大，惊动邻居报警，警方到场劝诫调停。

是不是有一种各说各话的感觉？以上两种情况可能都是“事实”，但因为两个人看到的世界不同，所以就变成了公说公有理，婆说婆有理的解读。

真相只有一个，但“事实”会随着立场变动。

在写作时，你可以思考在场的其他人是怎么解读这件事的，让自己学会换位思考。这可不只是写作的修炼，也是人生的修炼。

同样，在接收某一方的信息时，也不要急着下定论，多听听另一方的说法，平衡一下，也许能帮助你拼凑出事情的真相！

找出不是人的视角

在上述新闻案例中，我说在场共有 6 个人时，一定有人在心中大叫：“慢着，还有一只狗啊！”

没错，不通过人的视角，而是通过动物拟人化揣摩思维来写的话，常常会有新颖的发现。如果我们用狗的视角来写会是这样。

> 我已经饿了好久，雨又把我淋得好冷，好在有个女人把我带回家，帮我洗澡，给我东西吃。但半夜时，一个男人突然进了房子，他们像是在吵架，女人好像很讨厌这个男人。不行！我要报恩，我要赶走这个男人！于是我往他脚上咬了一口，想要吓退他，没想到他竟然狠狠攻击我肚子，可恶，这个混蛋……

像这类非人类的视角，其实比常人的视角更难写，因为我们要拟人，但又不能让其太像人，中间的分寸要小心拿捏。

有部《流浪者之歌》三部曲是很好的参考作品，它们分别从流浪狗、被遗弃的狗、流浪猫的视角，看待人类世界的恶行，让本来沉重的题材变得轻盈有趣了许多。

当然，除了动物视角，还可以是植物视角、物品视角、外星人视角、神鬼视角等。就像前文的新闻案例，如果我们从墙上挂的婚纱照的视角来叙述，是不是会显得格外讽刺呢？

视角练习是我非常热爱的写作练习。通过练习你会发现，你的“事实”并不等于他的“事实”，你的“事实”也不等于事情的真相。

在生活中，当某人无端发怒时，你可以想一想，从他的立场，他看到的“事实”是什么？为何让他这样生气？多些体会，也许有助于消弭争端。

反过来说，当那个怒气冲冲的人是自己时，你也可以提醒自己，让你生气的“事实”也许并不是真相。多想一下，换个角度，也许你大可不必为此生气！

写作技巧训练

自由选择一个非人的视角描述一个事件或一个现象。如果暂时想不到，也可以考虑使用新闻案例中的女儿、岳母、邻居、警察或任意一个家中物品来试写。

多用不同视角写同一个事件后，一定可以发现变换视角的魔力所在！

给你一个提示：要想将视角者的心声写得灵活真实，必须要结合之前“洞察＋侧写”的训练。将自己代入视角者的内心，想一想从他的经历与思维出发，他会抱持什么样的观点与态度，他会说出什么样的内容。

人称：你我他都是同一人，只是远近距离的变焦

上一节讲了切换视角写作，但写作除了选择谁来当“解读故事的人”，还可以选择谁来当“叙述故事的人”，也就是人称。

人称只有“你、我、他”三种，选择不同人称会让读者对故事的感受完全不同。

三种人称效果

第一种，用“我”来写作。这类写法的优点是人物的情感和想法最为直接，就像说话一样。比如，倪匡的“卫斯理系列”就多采用第一人称来写作。

> 我，卫斯理，赫赫有名——在我们班级之中。或许，也可以夸张点说，在全校，也略有名气，古今中外的中学都一样，低年级的学生要在高年级的同学中也薄有微名，不是容易的事，必须有相当突出之处。我那时年级虽低，可是已经十分

惹人注目了。

第二种，用“你”来写作。这类写法就像面对读者娓娓而谈，能拉近读者与作者的距离，感染力强。若是说话对象不是活生生的人，则有拟人化的效果。比如，朱自清的《给亡妇》。

> 谦，日子真快，一眨眼你已经死了三个年头了。这三年里世事不知变化了多少回，但你未必注意这些个，我知道。你第一惦记的是你的几个孩子，第二便轮着我。孩子和我平分你的世界，你在日如此；你死后若还有知，想来还如此的。

第三种，用“他”来写作。这类写法可以客观地描述，就算换了视角也不易察觉，如果内容涉及多个人物与时空，这会是比较方便布局的写法。比如，张爱玲的《红玫瑰与白玫瑰》。

> 他是正途出身，出洋得了学位，并在工厂实习过，非但是真才实学，而且是半工半读打下来的天下。他在一家老牌子的外商染织公司做到很高的位置。他太太是大学毕业的，身家清白，面目姣好，性格温和，从不出来交际。一个女儿才九岁，大学的教育费已经给筹备下了。

建议初学者在同一篇作品中使用同一个人称，因为在读者习惯了作者叙述的语气后，变换人称会让读者感觉不适应。但是对熟练的作者来说，变换人称是调节与读者亲密度的必备手段。

三种人称切换

一般来说，用“我”会贴近读者，用“他”会让读者感觉疏远。如果叙述在“我”“他”之间切换，则会产生距离的变换感。下面是“拉远近”的举例。

> 小美，我是你不合格的男朋友，你总是这样温柔体贴，他这个家伙却只想着自己的事业，没有回报你的爱，他这种人根本不配拥有你的好，他是个只会后悔的大笨蛋……小美，请你原谅我。
>
> 那天，经纪人通知我快去医院时，你这个大笨蛋满脑子还想着谈生意！死不肯去！你到底在想些什么啊！现在一切都已经太迟了……等到他到医院时，早就都来不及了。小美，我不配，我不配做你的男友。

这是刻意变换的写法，除了指小美的“你”，通篇的“你”“我”“他”其实都是同一个人。

用“我”虽然感受直接，但用“你”的时候，可以将位置错开一些，仿佛我们正当面痛骂一个人，指责感更强。

而用“他”的时候，会将距离拉得更远，好像是一切与自己无关，把自己抽离，把犯错的当成别人，自己并不在现场。三者交织出了多层次的感受。

还有一种人称切换是“第三人称转第一人称”，例如下面这个例子。

> 洛克抱着的小美身体渐渐发冷，胸口还有个不断冒血的枪伤！他身躯颤抖，为什么？为什么会是这种结局？不是说好要一起环游世界的吗？我们现在就去，好不好？你起来，我马上带你去，先去香港，再去东京好不好？你说话啊！你起来啊！不要丢下我啊！

“他”是距离感最远的一种人称，情绪感染比不上“我”，所以当把“他”变成“我”的时候，距离感瞬间就拉近了。读者在读“我”的时候，也如同进入了人物的内心，而不再是陌生的“他”。

人称切换是写作的进阶技巧，可以控制读者阅读时与书中人物的距离感，但需要多次练习才能熟练。当你想要拉远或拉近感受时，就从人称切换着手试试吧！

写作技巧训练

可以自创或任选一段叙事内容，将第一人称改写成第三人称，或者反过来操作，感受一下同段内容、两种人称的距离感差异。也可以练习一下怎样运用人称变换将感受“近拉远”或“远拉近”。

演说：不重要的场景，不需要给镜头

你有没有看过“类戏剧”呢？

像《蓝色蜘蛛网》及《玫瑰瞳铃眼》这类节目，一集短短两小时就可以演完主角一生从小到老的悲欢曲折。这到底是怎么做到的呢？

秘密就藏在中间串场主持人的那句：“究竟，这到底是命运的安排，还是情感的纠葛，让我们继续看下去。”

写作时，我们要叙述一个事件，必须先意识到，我们的文字也像类戏剧一样，有“说”的部分。

用说式写法的时机

当我们要换场景、交代过去的背景信息、略提不重要的剧情时，就是用“说式写法”浓缩的好时机。

过场 / 换场景

洛克上网找了一个家政，与她约好时间到家里打扫。两人先约在公交车站见，碰面后洛克再带她走回家里，一路上两人没有交谈。

此段叙述两人从外头走到家中，转换场景。

交代过去的背景信息

直到洛克看到她手背上的胎记，才突然想起了她是谁！她是洛克的小学同学，家境不好，中学毕业后就没再升学。虽然不曾联络过，但听同学提过，她结过一次婚又离了，一个人带着孩子生活。

此段叙述配角的背景故事，精简地透露信息。

略提不重要的剧情

洛克问起她的近况，她大致说了一下，为了负担家里开销，她兼了好几份零工，家里爸爸病了，女儿也还小……洛克就这样与她聊了两小时，最后给了她一些钱，还留下自己的手机号码，说会再介绍正式工作给她。

此段叙述情节概要，略提不重要、非主线的剧情。

你可以回忆一下，或找一集类戏剧来检验，你会发现，主持人的旁白全都在这三个时间点出现。

我们只有懂得将不重要的内容用“说式”写传缩起来，才能把版面留给重要内容，也就是“演式”写法。

演说之间的切换

一个成熟的写作者在叙事时，必须有意识地使用“演说切换”。

重要的、需要看到具体场景的，就用“演式”；不重要的、只要略提的，就用“说式”。任何一个场景都可以写出“演”与“说”两个不同的版本。

说式范例

李洛克，身高 198 厘米，长相英俊，个性积极乐观，从小开始打篮球，是篮球高手，某校篮球校队队长，他最害怕输给劲敌湘北队。眼下他正带领全队参加夏季赛，目标是拿下联赛冠军！

演式范例

“跳高啊！还偷懒啊！”李洛克在球场边大叫，“你们再这么懒散，今年又要输给湘北队了。”

一说到湘北队，李洛克就气得全身发抖。

“队长……我们又不像你长得那么高……”一个矮个子队员气喘吁吁地回应，“更何况……”矮个子队员偷瞄了一下球场角落的女生们，人人都目不转睛地盯着李洛克，他心中暗想：“可恶！人帅真好。”

李洛克啐了一口：“人高就一定会打球吗！啰嗦这么多，我在练球的时候搞不好你还不会跑步呢。”他走到矮个子队员身旁，狠狠拍了一下他的屁股，笑着说：“跑起来吧！这是变强的唯一方法！有一天你也可能当队长！”

看着矮个子队员跑远的背影，他笑了笑，将双手环成扩音器，深吸一口气：“目标！联——赛——冠——军！”李洛克给了全场苦练的队员们一个充满干劲的大吼。

“今年一定可以的！湘北，等着吧！”他心想。

范例中无论是“演式”还是“说式”，都同样透露了李洛克的外表、性格、身份、目标，不妨碍信息的传达。

在叙事时，写作者不仅要能够自由选择写作方法，还要能够在各种方法间自由切换。

“说式”是写作的减肥药，使文章变得更清爽。但是要记住，精彩的段落，千万不要用“说式”的，而要痛痛快快地“演”出来！

写作技巧训练

请像写故事一样，先设定一个故事情节，然后尝试用“演式”与“说式”两种不同写法写出同一段情节，注意两边传递的信息量必须一样。

如果不想自己设定情节，那就翻书或上网找一段小说的内容，判断一下它是用“说式”写的还是用“演式”写的，然后尝试改成另一个版本吧。

另外，你也可以思考一下，当我们在写一份大纲时，特别是在参加征稿活动时也常常会先附一份大纲或摘要，想一想，写大纲或摘要的文字应该用“演式”还是用“说式”呢？

生动：轻松省事用形容，力道增强写动作

我曾经与很多采访撰稿工作者合作过，他们每个人的写作特点都不一样。这是其中一个人采访一位乐器演奏家后写的文稿结尾。

> 能站上舞台表演，对 ×× 而言，是历尽千辛万苦、跋涉千山万水后才有的收获。从起初如同在空谷溪壑中只能听见自己的乐器低鸣，直至如今发挥稳定、与其他音色合唱的高亢回响，让艰辛攀爬的人们听到了，也想举目向山顶仰望。
>
> 在 ×× 眼中，人生乃是装载无数惊奇的列车，一站接一站，驶过不同时空，观览沿途人生中每一刹那的风光，永不止息。他以音乐为燃不尽的柴薪，挑旺对生命无限的热情。

请问在这段文字中，作者写到什么现实的画面了吗？

你可能会说，有低谷、有山顶、有爬山的人们、有列车。

但再细细品读一下，你就会发现，以上这些都是笔者对受访者的比喻形容，也就是想象出的画面。

如果你将这段文字中作者的比喻、形容、想象用线画出来，你会发现这些内容竟然占了七成的篇幅，所以内容读来会有一种华美但虚浮的感觉。

我要先强调，这种写法并不是绝对错误的。

我们在学校学写作时，老师也会要我们练习“名词前面加形容词”或者“动词前面加副词”，比如，不是“西瓜”，是“香甜的西瓜”；不是“奔跑”，是“兴奋地奔跑”。然后，把形容词、副词升级为“成语”，或者与类比法、比喻法、转化法等修辞手法并用，最后才能写出一篇考试能拿高分的作文。

写作技术本身并没有问题，问题是使用技术的时机与频率。

但是，对于一篇纪实类文稿，我建议你试着减少形容词。

动作才真实

××先天失明，出生尚未满月，母亲不愿意照料她，便把她交给××的姐姐抚养。但姐姐同样是视障人士，姐妹两人只能在黑暗中彼此照应。“姐姐喂我吃米糊，我吃不到，弄得满脸、满衣服都是。”××回忆说。

以上这段，是本节开头索引范例作者写的另一篇文章。

你会发现他的两篇文章笔法风格截然不同，最大的差异就在形容词的数量，你可以试着在阅读这段话之后寻找里面的形容、比喻、想象等修辞。你会惊讶地发现，竟然一个都没有，但文章读来直截明快许多。

因此，我绝对不是说形容词不好，不能用形容词，而是说要像这位作者一样，能将形容词运用得收放自如。

放的时候，如同排山倒海；收的时候，又能不露一点痕迹。

回到上面的范例，虽然内容中没有形容词，但其传达力度依然十足。原因就在于有一句对关键动作的描述：

> 姐姐喂我吃米糊，我吃不到，弄得满脸、满衣服都是。

这一句让整个画面都具体化了，视障者喂视障者，我的口对不到你的汤匙，你的汤匙也送不进我的嘴，弄得脸上、身上都是米糊。

一叶知秋，两人的生活处境可想而知，我们都不用再加入“辛苦、悲惨、哀伤”等形容词。因为这一个用真实动作建立的场景，比一千个形容词都有力。

形容是快捷方式

使用形容词最大的缺点是模糊、不精确。

当我说“小明是个好人”时，你心中的“好”跟我心中的“好”可能不一样，这样传达力道就被弱化了。

形容词之所以好用，就是因为它够快、够轻松，无论我们想传达什么意思，找一个适当的形容词放进去就算完成了。

如果真的篇幅有限，或者此处不是文章的重点，那么使用形容词就是一个省力的方法。但如果想让感受力度强一些，比如，与其说小明好，不如让读者亲眼看到小明哪里好，那么我们就要多写真实动作。

形容：小明很沮丧。

动作：小明一口气干光了一瓶啤酒。

形容：小明的摩托车很烂。

动作：小明踩了 20 分钟才将摩托车发动起来。

通过动作看到画面，通过画面感受处境与心情，这样会比只写形容词更清楚、更踏实。

网络上曾流传“六字微小说”，也就是挑战用六个英文单词呈现一个故事。其中一篇是这样的：

> 抱歉，大兵，鞋子是成双卖的。（Sorry soldier, shoes sold in pairs.）

如果我们用形容词表达法，会是：

> 只有一只脚的士兵很可怜。

你喜欢形容词表达法还是动作场景表达法呢？

在电影《蝙蝠侠：开战时刻》中，主角表面上是一个放浪的富家公子，暗地里却是守卫和平的蝙蝠侠。大家都鄙视表面上的他，他有次忍不住对所爱的人吐苦水，说他不是大家表面上看到的这个样子。

然而，他的爱人（还不知道他是蝙蝠侠）却回应他说：

你在私底下是谁并不重要，你的行为定义了你是谁！

写作也是如此，当我们要传递人物的性格与价值时，行为永远是最真实有力的证明。

人生亦如此，无论我们心中有多大的梦想、多好的理念，唯有付诸行动才能真正体现我们的价值。

在本章中，我依次谈了布局、结构、悬念、反转、转场、视角、人称、演说、生动。我将它们界定为具体可用的硬技巧，它们都像工具一样方便实用。使用这些硬技巧与否，作品的差异是显而易见的。

当然，在写作中，有些技巧要靠细细揣摩解读才能感觉出差异，这就涉及感性渗透的技术。

从下一章起，我们要从“大开大合”走向“逐步停格”。

写作技巧训练

找一篇他人或自己的文章（或摘取一小段），从中抓出使用的形容词，并思考如何将其换成动作呈现仍能传达相同的意思。改写该文章的形容词，将其全都换成具体动作。

第三章

感性写作的9个技巧：

写作是情感的渗透

流畅：我手写我口，我口读我字

从本章起，我要来谈谈使文章打动人的技巧。最基础的一招，就是让你的文章读起来流畅自然。

你可能听过“我手写我口”，意指好的文章读起来要像真实说话一般自然。其实这句话只对了一半。

如果记录过逐字稿，你就会知道人平常说话中会夹杂太多赘字，除非是精心设计过的演说词，不然字句肯定会有冗赘。

删除“赘字三天王”

“我手写我口”当然没错，但还要记得除去赘字。首先我们拿“赘字三天王”开刀，请你读读下面两个句子。

传来隐约的稀疏的声音。

过分的物质享受会造成孩子的虚荣心态。

这两个句子中都出现了两个“的”。先尝试删除前一个“的”读一读，再删除后一个“的”读一读，最后将两个“的”都删除再读一读。你觉得哪个更通顺呢？

相同的道理，“地”和“了”也是文句中常见的赘字，比如下面两句。

> 他缓缓地醒来，静静地观察四周。
>
> 我坐了起来，看着四周，拿起了书本，跑了出去。

以上的“地”和“了”都可以斟酌删除。

“的”“地”“了”三个字被我戏称为“赘字三天王”。在文章中并不是不能使用它们，但不要让它们过于频繁出现。最好的办法就是亲自将文章读出声来感受一下。

同理，类似的惯用词也可以对照处理，比如，“其实”“然后”“所以”“但”等。只要读出来，应该都能感受到它们重复出现时的冗赘感。

适时删除或替换同义词，比如，将前段中列举的几个词分别改为“的确”“接着”“因此”“可是”等，就可以避免重复带来的文气凝滞。

何时可用“怪文法”

将重复的词汇替换掉，不是一件太难的事，但如果是句子文法上的替换，就常让人难以抉择。例如：

使优美的琴音断续地传进窗内。

乍看之下，这句话毫无问题，但如果把句型调换一下，就变成了：

窗外断续传来优美的琴音。

读一读，二者给你的感受有何差异？

前一句“琴音”带有一点“被动”的意味，它是“被使用”的。而后一句“琴音”的主动性则强一些，因为它是句子的主角。

这也是文句叙述的特性，摆在句末的词汇往往是句子的重点（想强调的）。

因此，即便是同样的句子，当我们选择把其中的动词、名词或形容词移到句尾，整个文句的重心也会随之改变。

他鼓起勇气，害羞、紧张地告白。

他鼓起勇气告白，害羞、紧张。

相同意思的两个句子，第二句的害羞、紧张明显被强调了。

光是一个次序的小变动就可以改变句意，更何况其他千变万化的写作技法呢？它们会将文章的不同效果营造出来。

关于写作，从没有绝对正确的写法，只有适合当下情境的写法。中国台湾地区的作家陈映真就曾在作品《山路》中，写了一段老妇人自述往事的文字。

> 我以度过了五十多年的岁月的初老的女子的心，想着在那一截山路上的少女的自己，清楚地知道那是如何愁悒的少女的恋爱着的心。

短短三句就用了九个“的”，读来会觉得非常不顺，但大师级的陈映真为什么要这样写呢？

写作时写得自然流畅，自然是希望读者读起来通顺。

可是，如果作者偏偏想让读者读起来感觉不顺呢？

在此作品的脉络中，为表现老妇人当年暗恋时的坎坷愁苦，作者故意用如此曲折不顺的写法来传递，反而显得恰当了。

这就是我刚说的：适合当下情境的写法。

当然，以上是比较极端的写作例子。原则上好的文句应该通畅，才好让读者吸收感受。若坚持用读不顺的写法，你应该想一想，为什么要这样用？会造成什么效果？

“怪文法”绝不是不能用，而是作者必须清楚知道“为何而用”。

动脑想过笔下字句选用编排的意图，就是本章感性写作诸般技巧的前提。

写作技巧训练

请找出一篇你写过的散文、小说或者网络帖文，试着自己读出声来，感受一下是否通畅。除了通畅，更多修润的技巧，后面几个小节将陆续谈到。

养成朗读自己作品的习惯，会逐步提升自己文章的流畅度。我在下笔写作时，也会在口中小声读出来，这也成为我的私人写作小秘诀。

口语上的赘字或口头禅也常常会在写作中一并写入而不自知。这时还有一个小方法：就是使用Word文档中的“查找”功能，将自己的惯用词标出，你立刻就能发现自己是不是犯了赘字过多或重复的毛病。

震撼：技术只是酒杯，素材才是醇酒

前文讲过“刻画”和“生动”两个技巧，其中涉及具体、细节、五感、用动词取代形容词等方法。用这两个技巧写的文章会让读者身临其境。

在本章中，我希望你做到的不只是技术层面上的，还有情绪渲染上的。不但要知道“怎么搬”（技术），还要知道“搬什么”（素材）。

我将采访与写作中得到的一个取材方法分享给大家：

> 动人作品的本质，来自你生命中所感受到的震撼。

在“提炼”中我曾建议，要尝试将自己的人生故事搬上写作舞台；在“侧写”中我曾说过，要在日常生活中，练习捕捉小事，由小见大；在“悬念”中我曾提到，悬念就是“不寻常 + 危机”。现在我们就将三者结合一下。

请思考一下，最近有没有发生什么切身的事撼动了你的心灵，或者你的记忆中有没有给你很大震撼的事？

寻找生活中的震撼

素材拥有一种魔力，相同的议题只要套上一个感性的素材陈述，文章的力量就足以打动人心。

这十几年来，中国台湾地区的超市便当多次涨价，一个普通便当的价格从40元（台币，下同）飞涨到70元。当我这样向你陈述，你会有什么感受?

也许你心里只会说“对啊，我知道”，你的感受很可能仅止于此。

我不常吃便当，一直对涨价不敏感。但直到我看到了一个关于便当涨价的电视专题报道，涨价的这件日常小事，瞬间被我的情感放大并在我心里留下深深的烙印。

> 50多岁的×先生有一份特殊的工作，就是做房地产广告的路边举牌员。
>
> 大大的广告木牌如果放路边没有人照看，可能会被破坏、丢弃甚至没收。所以他的工作很单纯，就是拿着牌子（或照看着牌子）在车流量大的路边站上一整天。
>
> 他站一天的工资只有800元，低于中国台湾地区的标准工资，但找不到其他工作的他哪还有什么选择，这份工作至少能够日结工资，让他可以养活还在读书的女儿。因此，哪怕下雨，他也要穿着雨衣站上一天。

他站的地点在一些马路边，有些偏僻，甚至连个小吃摊都没有，所以他只能跑到离他最近的超市，买个便当带到牌子旁吃。

一天两餐，他控制自己的餐费不能超过100元。超市便当涨价后，他开始感到为难，以前的便当钱现在只够买个大饭团，但只吃饭团，下午肚子又会饿。每天为了省十块八块，他只能默默忍耐，这样就能多存一点家用……

从理性上讲，我知道，超市涨价是它的自由；但从感性上讲，日后我再看到路边的举牌员，心中总被这段记忆勾起情绪。

一份好的素材能给人带来撼动的力量。

他人的故事都能给自己带来震撼，如果是自己亲身经历过的事件，下笔岂不是更能注入形神！

寻找生命中的震撼

我常常帮网友看他们写的作品，曾经有一次，有位从头像上看起来像是高中生的女生，用脸书（Facebook）传了一首新诗给我。

老实说，我读了很久，还是不理解她想表达什么。那首诗的内容是由一些两字词组或三字词组组成的，比如，“电视、萝卜糕、水水、手机、姐姐……”一词一行，连续写了30多行。

我尝试从这些词中寻找一些潜在的共性，但还是觉得太发散。我只能老实回复她：“很抱歉，这首诗我真的看不懂。”

其实，当时在我心里还带有一点小小的差评，觉得她还不会拿捏跳跃与逻辑的平衡。

这时，她向我解释，她有一个小她 3 岁、智力发育迟缓的弟弟，她的弟弟只能用简单的词汇表达自己的意思，有时他说出口的词汇，全家人都不知道是什么意思，即使最后能知道也总要猜老半天。

于是她将弟弟一天说出的词汇全部记了下来，就成了这首诗，诗名就叫作《猜》。

在看到她的回复的那一刻，我在计算机前像被雷击中一样，大为震撼，我为在心中妄自评论的自己感到羞愧。

从此，我就对自己说："我只看得到作者的一篇文章、一段文字，在我没看到的部分，也许他有着不为人知的努力与故事，多点温暖并尝试去了解文字背后的故事，可能就会给予他一点点支撑的力量。"

这也是让文章打动人的重点之一，好情感往往来自好素材，而所谓的好素材，就是让你内心受到震撼的那些故事。

再多技术也是为了让我们可以妥善搭配这些素材。

技术是只杯子，重点是里面装了什么好料；素材是茗茶、浓汤或醇酒，有了内容物，杯子才有存在的价值。

写作技巧训练

本节是结合了“提炼”和“感受”的练习，在此基础上，又加上了之前提到的“文字技术”。

请你写一段令你内心受到震撼的真实事件（可以是你见闻的他人事件），并尝试写出具体细节、人物的言行，用以刻画情境，反映人物内心，向读者传递你心中的震撼。

令每个人感到震撼的事件大小不尽相同，不要怕事小，只要是让你真心有感的，都是值得写的内容。

符号：手捧玫瑰就是爱？刺龙刺凤就是坏？

假如你在路上看到一名男子手上捧着一大束红玫瑰，你觉得他想要做什么呢？你是不是会暗自猜想：他要向心仪之人告白吧！

假如你看到一个男子表面上平凡无奇，但他脱掉外套后上臂有刺青，这时你会不会对这名陌生男子多一些警觉？

这绝对不是先入为主或者联想过度，而是因为红玫瑰或龙凤刺青与特定的人、事、物之间已经有了一个被反复建立的连接。

这些连接可能建立在真实生活、新闻报道、影视小说之中，久而久之，对大众来说，它们就成了一种符号，当大众一看到它们，马上就会联想起某种特定印象，比如，玫瑰代表爱情，刺青代表叛逆。

这种联想虽然不是绝对正确的，不一定送玫瑰就是表达爱、刺龙刺凤的人就是坏人，却是可以在写作上运用的技巧。

让物品来暗示

一名男子手上拿着一杯咖啡。

现在，请将“咖啡”这个词扩展一下，改为——

一名男子手上拿着一杯罐装伯朗咖啡。

你觉得这位拿着伯朗咖啡的男子是一个怎样的人呢？试着为他贴上三五个标签吧！

想好了吗？用你的直觉就好。

对此我问过很多学员，答案不外乎是“蓝领阶级”“不讲究的人”“只求方便快速的人”，甚至还有人会给他贴上“比较会省钱”的标签。

再次强调，这些印象并不一定绝对正确，但的确大致符合罐装伯朗咖啡的产品形象：方便、快速、平价。

现在我们将咖啡换一换，改为——

一名男子手上拿着一杯星巴克冰摩卡。

这时你觉得这位正在喝星巴克咖啡的男子是一个怎样的人呢？同样试着为他贴上三五个标签吧！

想好了吗？想法同样是来自直觉就好。

这时，学员给他贴的标签多会出现“上班族”“重视享受”“重视质量”，甚至还有人会说他“是文青”“比较潮”。

有没有发现，当你写“一名男子手上拿着一杯咖啡”时，这名男子的形象是比较模糊的，但我们只要将“咖啡”改成“罐装伯朗咖啡”或“星巴克冰摩卡”，这名男子的形象就有了许多更为具体的想象，甚至可以借此去猜想他会有怎样的人生经历、经济背景、品味习惯。

一杯咖啡就可以暗示出人物的众多形象，这就是符号的威力。

让设定来暗示

电影《拯救大兵瑞恩》一开场就拍了一幕惨烈的军队抢滩戏，士兵们死伤惨重，还特别展示了一位士兵被炸断一只手的镜头。

接着画面拉回到办公室，一名底层军官得知，有一个家庭的四个兄弟都上了战场，三个哥哥都战死了，只剩下一个最小的弟弟。这名底层军官便将这件事向上呈报了。画面中，他的长官没有说话，只看到他少了一只手。

如果电影画面停格在这里，你觉得长官知道这个消息后会往上呈报，还是当作没事呢?

要做这个判断，其实可以想一想，为什么编剧要设定长官断了一只手？编剧想要暗示什么呢?

在前一场戏中，我们看到了抢滩战，知道了战争的残酷，也知道上过战场的军人常常会有肢体的缺损。而此时对长官断臂的设计，就是暗示长官曾经上过战场，应该深知战争的残酷。有这样经历的人，通常会比较有同理心，自然会再向上呈报这件事。

断臂的设计透露了人物的经历，暗示了人物的性格，也使人物的行动具有了合理性。

如此说来，你会发现，原来戏剧中的许多小设计都是有作者的用意的。

写作同样如此，当我们决定写什么、将什么写细时，都应该思考这样做能让读者读出什么暗示。这就是写作进阶的技巧！

写作技巧训练

请你想一想，如果你要写一个男人，他——

1. 结了婚；
2. 乐观开朗；
3. 星座是处女座；
4. 喜爱户外运动；
5. 具有高学历。

你要为这个男人加什么设定，或者给他配备什么物品，用以暗示上面这五条信息呢？

炼字：一字符合情境，一字暗示心境

陈梦吉被誉为清末广东民间第一状师（类似现在的律师），常为清寒百姓诉讼申冤，对抗豪强，他因智计百出，而得到了“扭计祖宗”的称号。

周星驰的电影《算死草》正是改编自陈梦吉的事迹。

在电影里，陈梦吉的徒弟明明无罪却被判了环首之刑，陈梦吉束手无策，无力挽救。眼看着徒弟在绞刑台上被绳圈套上了脖子，陈梦吉灵机一动，冲上前阻止行刑，救下了徒弟，并向法官诡辩：“他被判环首‘之’刑，并不是环首‘死’刑，他的首已经被环了，不放他更待何时？”

法官一时之间竟愣住了，陈梦吉趁势大声疾呼：“大人，法律就是法律，每个字每个符号都不能改动。”

法官们讨论后，只好以“刑罚已经执行”为由，让他的徒弟重获自由。

看到这，你可能会觉得，天啊，也太儿戏了吧！虽然这纯属戏剧效果，但在写作上，的确，光是一个字的使用，就能让作者烦恼半天。

选字来符合情境

唐朝诗人贾岛曾拜访朋友李凝，半夜有感而作了一首诗，其中一句：“鸟宿池边树，僧□月下门。”对中间被挖空的字，贾岛一直无法决定是用“敲”还是“推”。

百思不得其解的他，回家路上还因此失神撞进了大官的轿队，并被扭送到了大官面前。贾岛只好如实禀报。

那大官听完想了想，便说：“通过‘鸟宿池边树’这句，可以看出此处是幽居之地。用‘推’字有些不告而入、唐突擅闯之意，破坏了气氛，还是该先敲门较为稳妥得当，因此用‘敲’字更好些。”

贾岛一听茅塞顿开，这才知道他撞上的大官正是当时的大文豪韩愈，于是他心悦诚服地尊称韩愈为自己的“一字师”。

由此可知，当我们在写作时，勾勒情境不仅要描写细节，还要思考每一个用字是否符合当下的氛围。

炼字这招，除了符合情境，传达细腻情感时也一定要用上。

选字来暗示心境

歌手李玉玺有首自己创作词曲的歌曲《没那么脆弱》，歌词大意是，一对恋人分开后，心中明明还有思念，却口是心非地说自己无所谓，这是一首故作坚强的悲伤情歌。其中有段歌词是这样写的。

这些年我过得算完美

除了一些夜晚　我喝特别地醉

但无所谓　真的无所谓

反正我　对你无念

在雨下太□的时候

在独自一人的时候

不要找我　也千万别说　想我

现在请你想一想，“在雨下太□的时候”这一句里，被我挖空的应该是什么字呢？

请你分别想三个适合的字放进这段歌词之中。

然后，在这三个字中也请你选一个你觉得最为恰当的字。

最常听到的几种猜想是“雨下太大”“雨下太快”“雨下太急”“雨下太慢”“雨下太凶”等。

现在任务要升级一下：你选择的字必须能暗示出主角的某种心境。

要选出最适当的字，就必须将每个版本都思考一遍，感受一下所选的字是不是还能辐射出其他含义，而不只是表面上下雨的意思。然后结合心境，做出最佳选择。

假设是“雨下太凶”，我们可以猜想，如果凶的不只是雨，那还能是什么呢？是恋人很凶吗？这让人感觉怪怪的。是内心的伤痛很凶猛吗？这似乎好一点。

假设是“雨下太慢”，同样猜想，如果慢的不只是雨，那还能是什么呢？是分手后失魂落魄导致生活缓慢，还是遗忘爱情、疗伤止痛的过程很慢呢？这么看，“慢”好像是个不错的选择。

最后，我们来看看原句，写的是：“在雨下太重的时候。”

“重”这个字，重的除了雨滴，还可以是什么呢？可能是心情的沉重，可能是压抑情感的沉重，当然也可以读出其他潜藏的含义。

你再想想，比起“重”这个字，你心中还有没有比它更好的选项呢？

就算有也不奇怪，在用字遣词上，本来就很难说有最棒最好的字，有的只是作者的意图。

如果作者想表达的是“伤痛”，可能就会用“凶”。

想表达“很难遗忘”，可能就会用“慢”。

想表达“压抑沉重”，可能就会用“重”。

只要符合当下文章的脉络、情境、心境，作者的意图能够被传达，就是合适的选择。

像这样思考各版本用字的细微差异，往往是最花时间的所在。也难怪会有作家自称一天修来改去，只能写十几个字，原因就出在这“推敲”的功夫上啊！

写作技巧训练

对于“在雨下太□的时候”，请你想一想，除了“大、快、急、慢、凶、重”，还可以用什么字呢？当然，这个字既要能潜藏其他含义，还要能结合歌曲意境与人物心境。

暗示：用词带成见，选字藏心态

在上节“炼字”中我说到，要让你的用字藏有其他含义。作者炼字，读者寻味。在历史上，这个“寻味”是帝王手中的一把屠刀。

清朝内阁学士、后官拜甘肃巡抚的胡中藻，曾被称为“韩愈再世”，可见其文采不俗。后因他参与了朝堂党争，乾隆皇帝为了打击党派歪风，便拿他开刀，指出他诗中的字句藏有逆反之心。

那句逆反罪证写的是：“一把心肠论浊清。”

这句话中哪里有逆反之意呢？怎么看都只是以分辨浊与清来表明自己的节操而已。

乾隆却是这样理解的，他说：“加浊字于国号之上，是何肺腑？”意思是说，在清朝之前加上“浊”，代表着胡中藻有仇讥诋骂清朝之心。

这听起来很牵强吧？但乾隆真的就凭这个逻辑，将胡中藻抄家处死。这样的祸事在清朝屡见不鲜，这就是“文字狱”。

听完这个故事，有没有很庆幸自己活在现代，平日里我们为了耐人寻味而巧构文字，却不会因此而惹祸上身。

胡中藻是不是真的有心用“浊”来讽刺清朝，我们不得而知，但身为一名熟稔文字运用的写作者，的确是能靠用字来藏情绪、带风向、放冷箭，暗含一些微信息的。

用词已带成见

任何文章都有撰文者自己的立场，其用字遣词自然也会暗带风向。就拿新闻来讲，如果某天有个新闻标题是这样写的：“李洛克卷入诈骗疑云，他□□……”

需要填空的字如果是“澄清”，就表示记者已经先判了李洛克是清白的；如果是“解释”“反驳”或“响应”，则表示记者的立场比较中立；如果是“怒呛”呢？是不是暗指李洛克因被揭破丑事而恼羞成怒？更过分一些，如果是“狡辩”，则表示记者已先入为主认定李洛克犯案却不承认。

就如同我在讲“符号”时所说的，事物会有特定的形象。词汇一样会有感受上的些微差异。

明明是写一个人很“胆小”，我们用“谨慎”，就显得正面一点。

明明是写一个人很“节俭”，我们称他“吝啬”，就将他丑化了一些。

有个真实的新闻标题是“偷买苹果 6 手机被妈没收，二年级学生跳 27 楼亡”。

光从标题就能看出，记者已经判了死者有错，因为他用的是

“偷”这个字，表示这是一个不正当的手段。

如果将“偷买”改成“私买”，会不会更符合新闻报道应该真实、中立的原则呢？

写作技巧训练

字词选用的练习，不外乎多选几个字词感受差异。当你无法判断时，可以尝试将该字词“拿掉”，看看它在或不在，与原句在感受上有何不同！

另外，你还可以尝试将该字词替换为近义字词，看看它变或不变，与原句在感受上有何不同！

我必须承认，这是个细腻而漫长的练习。当你能够习惯用“文字推理法”来看任何作品时，说明你的鉴赏力与写作力都已大幅提升。

删减：不重要的先拿掉，重要的才会被看见

你可能听过这个故事：有位科学家为了证明闪电就是在放电，因此在下雨天放风筝引电。这位科学家就是美国开国元勋之一，著名的政治家、发明家富兰克林。

富兰克林曾经与英国皇家学会（英国资助科学发展的组织）的学者柯林森通信，与他讨论关于电学的实验，在其中一封信里，富兰克林写道：

> 我已经把这封信写得太长了，请原谅我没时间把它缩短。

很矛盾是不是！不是没时间的人才只好把信写短一些吗？怎么富兰克林会说他没有时间把信缩短呢？这么说来，短文岂不是比长文更花时间了？

有趣的是，美国第28任总统伍德罗·威尔逊也曾说过类似的话。有人问他，准备一份两小时的讲稿需要多久？他回答：“不用准备，马上就可以讲。”

但那人又问他，准备一份10分钟的讲稿需要花多少时间呢？伍德罗·威尔逊却说："要两个星期。"

准备10分钟的演讲反而比准备两小时的演讲花更多时间，这说明越精粹的内容越需要费时提炼。

我国南北朝时期的文学评论家刘勰的著作《文心雕龙》中有一句话："意少一字则义阙，句长一言则辞妨。"意思是文句少一字则意思不完整，多一字又显得累赘。这不能多也不能少的文句精练程度就是写作者应该追求的境界。

由此可知，写得简短扼要其实比写得丰富要难多了。学着删减，就是本节的任务。

删无关字词

在讲"深读"时我曾提到过，文章里有作者的意图。当你在创作时，同样要先清楚写文章的目的是什么，也就是你的意图是什么。

假设你要设计一份橄榄油的销售文案，必须写出"使用进口橄榄"，你查了一下橄榄的原料资料，发现橄榄来自意大利。

请问你会在文案上写"使用进口橄榄"还是写"使用进口意大利橄榄"？

对一般民众来说，意大利是国际知名的橄榄产地，对此特别标注能给产品加分，当然要写上去。

但如果你查了原料来源，发现橄榄来自相对落后、不知名、成本低廉的国家，你会选择把产地写上去，还是只写"使用进口橄榄”？

明明橄榄本身是好的，如果因产地引来不必要的误解，这不是很可惜吗？

在生活中，删减不必要、易被误解的内容是人的本能，在写作上也是相同的道理。

如果文案的目的是销售，作者的意图是创造好印象，这时与目的意图无关的字词，甚至有负面影响的字词就该删去。

同样，删减文章字句时，最重要就是时时问自己：多或少这个字 / 词 / 句，哪一种更能达成目的？然后由此来决定字 / 词 / 句的存留。

删无关素材

把这个删减原则从字 / 词 / 句扩大到素材或段落也是相通的。

我曾经采访过一位视障妈妈，她从 20 多岁时才全盲，所以她的痛苦是加倍的，以前看得到一切，现在却只有黑暗。

在短短约 5000 字的篇幅中，我必须囊括她人生中的重大事件，包括成长经历、因病失明、失去工作又被老公抛弃、独自扶养年幼的女儿、重新振作学习、她与女儿的情感、现在知足的生活。

但是问题来了，她在受访时透露，家中曾经陷入过经济困境，其中部分原因是她当年曾沉迷于地下赌博。

如果你是我，知道了这件事，你会不会把这件事写出来呢？

这时就要从文章的目的与意图角度进行思考，我当时有感于社会纷乱、人心浮躁，希望可以制作一系列感人励志、主人公如何走出人生低潮的故事，为社会带来正能量，虽然这段赌博经历也是极具教育意义的素材，但在有限的字数中，还有更多的素材值得写，因此这段内容最后还是被删掉了。我把篇幅留给了她与女儿之间的情感，集中火力朝文章的主旨推进。

删减，不仅可以避免读者分心，还能让留下的内容成为重点。少即是多，有时比起思考该写什么，更需要斟酌的是思考不写什么。

有时选择不做比选择去做更需要勇气与智慧。

写作技巧训练

最好的删减训练应该是拿自己的文章开刀，但怕你暂时下不了手，所以我们就以本节的内容为例，请想一想，在本节内容中，你认为哪一句或哪一段是可以删掉的？为什么？

请一定要将原因写清楚，证明你是经过思考才行动的，而不是只写一句“我觉得不需要”。

亲疏：语气有亲疏，用字有强弱

你有没有看过主播的新闻稿，或者大型企业及官方的声明稿？它们可能是这样的：

原定于今日标准时间 15 点 30 分发射的火箭，因天气不佳之缘故，将延至明日发射，欢迎阖家莅临观赏。

是不是非常正式、文绉绉的？但如果你要向朋友转述这个新闻，你口中说的可能是这样的：

本来今天下午三点半要发射的火箭，因为天气不好所以改成明天发射了，欢迎你们全家一起来看。

这两者因为正式与口语的差异，给读者带来了远近不同的距离感。

除了本章前三节讲的选字用词会影响读者感受，对行文的笔调语气，作者同样可以润色。

疏远与亲近

我们回头解析一下“火箭发射”案例的两个写作版本有哪些差异。

- “原定”改成“本来”。
- “今日、明日”改成“今天、明天”。
- “标准时间15点30分”改成“下午三点半”。
- “因”改成“因为”。
- “天气不佳”改成“天气不好”。
- “之缘故，将延至”省略修改为“所以改成”。
- 增加“了”。
- “阖家莅临观赏”改成“你们全家一起来看”。

整理一下就知道，如果要将语调从疏离变为亲近，我们可以——

一、将冷僻少用词汇改成常见词汇。

二、将文言或严肃说法改成白话或通俗说法。

三、减少虚词（且、若、之、已），增加语气助词（了、啊、吧、呀）。

四、把第三人称（无在场者），改为第二人称（有听话者）或第一人称（有说话者）。

新闻版的说话者像在说一个与己无关的内容，像在宣告一件严肃的事，不像对特定某人说话，听起来自然是冷冰冰的。

而口语版的说话者就像一个朋友在当面对“你”说话，自然、好懂、简洁，像说一件生活常事，所以让人感觉亲近。

行文除了有远近之分，还能看出情绪的强势与弱势，当事人地位的高与低等。

强弱与尊卑

记得我当兵时，最先遇到被纠正的，就是当长官命令道“等一下把水桶搬过去”，必须说“是！”，而不能说“好”。

“是”和“好”有什么差别吗？虽然都是答应，“是”却比“好”多了几分遵从的意味，有上下之分。

所以，当年只要不小心说了个“好”，马上就会被班长大声呵斥，时时刻刻都让我们要把“服从”刻进骨子里。

到了职场或学校，假设有把裁纸刀是大家共享的，你请同事或同学递给你，在他给你的同时，他说了声“拿走”或者“拿去”，你心中分别会有什么感觉呢？

“拿走”和“拿去”，你觉得哪个感觉比较凶、比较强势呢？

再看一个情境，曾经有人在网上论坛讨论区说，资深的前辈帮她做了一件事，她当时顺口就说了一句“辛苦了”，结果对方听了当场变脸，训斥她：“这不是你该说的话！”

你知道前辈为什么生气吗？

要是换句话，改成说“谢谢你”，会不会比较好呢？

“辛苦了”和“谢谢你”，你觉得哪个给人的感觉是高高在上者说的话呢？

在生活中不断切换语调，是每个人必须培养的技能。回忆一下，你对长辈、前辈说话的态度与对平辈、后辈说话的态度肯定不同。你对服务生的态度与对贵宾的态度一定也不同。写作上也是如此，必须要察觉并依照情境修改语调。

尤其是现在都习惯用文字来传递信息、用公开帖文来互动，因此，对亲疏、强弱、尊卑的细腻感受一定要再三揣摩。

一有不慎，可能就会“写者无意，看者有心”，千万别惹怒了朋友、同事、上司，自己却毫无知觉！

写作技巧训练

请看下面三道题的AB版本，请问哪一版比较令人生气呢？

第一题：

A. 怎么这么晚才回来？

B. 现在都几点了你才回来！

第二题：

A. 现在打算怎么做呢？

B. 你现在想怎么样？

第三题：

A. 我是在你们家买的，买了你又说这张优惠券不能用？

B. 我是在你们家买的，却说这张优惠券无法使用？

请你找出三组答案的共通之处，尝试解析让人比较生气的写作秘诀吧！

节奏：梳理才好读，简化才好懂

“你的作品读起来让人感觉很闷。”

这是一位网友深夜给我的留言，他说这是他的同学对他的作品的评语。他思考了好久，也尝试修改内容，但不管怎么改，他的同学就是觉得他的作品无聊、看不下去。

“就是觉得读不下去，不知道为什么。”

我想这是很多写作者都害怕遇到的问题，无论是写小说、写文案、写社群帖文、写博客文章，只要你的文字让人觉得无聊沉闷，那么你写得再用心也无法让人有兴趣读下去。

其实读不下去的原因往往不在内容，而是在一个小地方，即“节奏”。

听音乐的时候，我们很容易分辨节奏的快慢。那么，文字也有节奏吗？如果有，我们该怎么控制呢？

字句的理解时间

你有没有想过，当一个句子进入读者的眼帘，读者需要几秒（也许是零点几秒）来理解呢？

我们来看一个小说段落，描述的内容是女主角在战乱中逃避日本兵的追杀。

> 一颗子弹从耳边飞过，她连忙扑倒，右边又是“轰”一声巨响——炮弹炸裂了。
>
> 她来不及思考，抬头就看见一个日本兵举起刺刀刺向她。
>
> “啊！”
>
> 她翻身滚开、惊慌喘气，左右又跑出两个日本兵按着她。
>
> “滚开！滚开！”
>
> 她还想挣扎！其中一人用枪托往她头上狠狠一敲，砸出了血。

以上算是快节奏的写法，你知道为什么说这样的写法是“快”节奏吗？

快慢是一种相对概念，我们来看一段慢节奏的写法。

> 一颗子弹从耳边飞过，她连忙扑倒，她想起她爹最后交代的话——有枪声就趴倒，有敌人就装死。她跟爹已经三天不见

了，不知道爹现在怎样了，也不知道娘和弟弟怎样了。混乱是她脑中唯一的状态，战场烽火四起，照耀着她无神的两眼，原本每天都会经过的由黑石子与白石子构成的高挺围墙上，涂有标语与旗帜的地方也塌了，右边的小路上本来有些小坑洞，以前最喜欢在下雨天积水时跟几个小孩在那踩水，现在也被炸成了大洞，满天都是轰隆隆的日本战斗机。右边又是“轰”一声巨响——炮弹炸裂了。

以上这段故意写得很拖沓的慢节奏版，让人读起来应该感到很累、很慢吧？

有没有发现，慢节奏版里 200 多字的内容，其实只是快节奏版第一句的内容。文句长短差异只是两版呈现的表象，真正的重点是，慢节奏版很难读，也很难让人读懂。

人类的大脑很单纯，面对密密麻麻的内容，读起来会很慢。写作之所以需要断句、分行、分段，就是为了让读者读起来条理分明、区隔明显、一目了然。

但是，只靠断句、分行、分段就能让文字变得好读吗？

当然不是，这些编排都只是“量的梳理”，要让文字变得好读还必须有“质的简化”。

当一个句子变长、采用倒装、修辞复杂时，读者当然就需要重新在脑中分句、转为正装、还原，理解速度自然就变慢了。

当文句越难读且越难读懂时，读者就越需要花更多时间去思考（即便他没有意识到）。如果整篇文章读下来都是如此，读者自然就会心浮气躁了。

字句的内容组成

另外，还有文字内容的组成。

慢节奏版用的是独白、意识流、感受，这些都属于相对抽象的内容。

快节奏版用的是动作、声音、画面，这些都属于相对具体的内容。

一个是我要想一想、揣摩体会一下才能明白的内容，一个是我看到、听到就能懂的内容，哪一个会让人读来有畅快感呢？当然是具体的内容。

你可以回头再看一遍快节奏版，里面其实连一个形容词都没有，全是一个又一个的具体动作，都可以让人想象出画面，这就是快节奏的秘诀。

如此说来，我们是不是都该用快节奏写法，少用或不用慢节奏写法呢？

绝对不是的。如果你的内容是一段沉重的感情叙述，那你就可以使用慢节奏写法，从而让读者多一些停留时间去感受。

如果你的内容是快节奏的叙述，那你就应该将句子写短，多用短段落，多写具体画面，如此就可以创造阅读的畅快感。

未来要是再听到有读者说你的作品很闷，除了修改内容，你不妨尝试下节奏这个武器吧！

写作技巧训练

请上网找几篇纯文学作品速览，再找几篇网络小说或轻小说作品速览。

重点不是让你去研读，而是让你看看更多快节奏与慢节奏的作品实例，试着说出两种作品的节奏差异与写法模式吧！

运镜：文字就是画面，接续就是运镜

网络作家九把刀曾在自己的书序中提到过自己的创作法，他说：

> 我是从小用漫画、小说跟电影养大自己的孩子……我自己是用漫画分镜，再加上电影的节奏感，去进行写作的。

这也说明了为何九把刀的作品总被称赞画面感十足，读他的小说就像看电影一样。

电影比起文字要精准太多了，成品就是作者呈现给观众的样子，拍什么、从哪拍、拍多久，观众看到的画面全被导演掌控；但文字叙述往往给读者保留了更多的想象空间。读者可以自由控制阅读时间，这段想多读一遍、读慢一点，或者这页想快点扫过，全由读者决定。

如果说文字无法精准控制读者大脑中所形成的画面，那么它能不能在某种程度上达成相近的效果呢？

本节我们就来谈谈文字的画面感，先看一下鲁迅的散文《秋夜》中的一段话：

> 在我的后园，可以看见墙外有两株树，一株是枣树，还有一株也是枣树。

这要是出现在小学生的作文上，肯定会被老师“打叉”，然后改成：

> 在我的后园，可以看到墙外有两株枣树。

为什么鲁迅要这么写呢？有人说这种刻意重复的写法，表达了鲁迅无聊、孤寂的心境。

如果我们先不管心境，只谈脑中浮现的画面感受，后者是一种直接映入眼帘的画面，前者却多了“视线推移”的效果，双眼所见由一侧慢慢扫向另一侧。由此，我们可以先建立一个观念，即叙述其实就是你手中的镜头。

镜头的推移

再看一个范例。

> 我注意到他的手指有些粗糙，拳头指节隆起，小臂上钢条般的肌肉有着一条长疤。

如果将这句话用连续镜头呈现，那拍摄的画面依次就是：手指、拳头、小臂。随着阅读的进行，读者脑中的画面也会如镜头般由下往上移动。若你的文句画面跳跃，读者脑中的画面也会随之跳跃。

刘德华像个优雅的绅士般走来，脸上挂着迷人而神秘的笑容。

这段画面的变换是，前面是一个全身或半身的中长距离镜头，然后画面跳至脸部笑容的特写镜头。

意识到了吗？你的字句正在创造画面，由远至近、由近至远、远近交错都会引发不同的感觉。

镜头的特写

换行也可以用不同的花样，看下面两个版本的例子。

A. 他在月光下痛哭。

B. 他在月光下——

痛哭。

A 版本的感觉就像是中长距离的镜头，一名月光下的男子，整身或半身都在画面之中。

B 版本的换行将“痛哭”单独而简短地呈现，让画面变得简洁而集中，画面也从上一句月光下的中长镜头，拉近为下一句痛哭的特写镜头。

这种写法在网络文学中尤其盛行。特别是单行呈现的短句，犹如一个特写，为小说创造了强烈的画面感。

许多人在修改自己的作品时，只想到要润色修辞与词汇，而不会将自己当成一个导演，改良文字传递的画面。

本节就是要请你用全新的视角去看自己的作品。你是在创造画面，你的字句会让画面接连出现。你应该好好安排画面的衔接、移动、视角，用心推敲每一个“画面”。

本章的 9 个写作技巧即将讲完，不知道你有没有察觉到这 9 节其实都是在讲同一件事，那就是“感受”。

感受每一个文句微小变动的差异，文法、字眼、词汇、删减、语调、长短、行段、文句接续、内容组成等。

除了自己的感受，还要推想读者的感受，力求让我们想传达的内容可以精准、完整地被读者接收到。

时时将读者放在心中，用细腻的笔法为他们精雕文字，打造满意的阅读体验，这就是本章想与你分享的写作技巧。

接下来，就要进入本书的最后一章。经过前三章的基础打造后，希望在第四章中能为你打通一些写作关节。

在第四章中，我想让你知道玩转文字的乐趣，它们可能只是一些微小技巧，但我一直深信写作不该是死板的、正经八百的。正是这些玩转文字的巧思，才为作者创造了趣味，为读者创造了况味。

写作技巧训练

请你运用文句接续创造画面的概念，写两段文字：第一段由近景到远景，第二段由远景到近景，并在第二段的最后要用到短句换行的特写手法。

第四章

玩转文字的13个技巧：

写作是凡人的奇迹

象征：你写的不是文章，而是生命篇章

在周星驰的电影《食神》中，女主角鸡姐爱慕食神，于是先在一张白纸上画了一颗爱心，然后拜托食神也画一颗爱心，再画一支箭穿过两颗心，代表着两心串联，让她可以留作纪念。

可是食神心中对鸡姐没有感情，当然不肯，他还用伤人的话大骂了鸡姐，但下一秒，鸡姐就为了保护食神，被杀手一枪击中。

逃过一劫的食神，手中握着鸡姐给他的那张纸，一个人在半夜里后悔痛哭。

到了电影的最后一幕，鸡姐再次现身，食神才知道她竟然没有死，两人相视，食神也不多说话，只把那张纸还给鸡姐，上面已经画好了两颗穿在一起的爱心。

每次讲到这里，我都会问听众："请问最后的那张纸代表什么？"

答案虽然不尽相同，但核心是一样的，那就是"爱"。

那张纸在故事中就成了爱的象征。

比起两人重逢后上前拥抱、热吻这种直白的呈现，象征法明显

余韵绵长，且优美多了。

自创连接的象征

在“符号”中，我谈到了用事物的刻板印象来暗示，比如，用红玫瑰代表爱情。难道红玫瑰就只能代表爱情吗？我不能自创连接吗？

当然可以，只需要补充一点故事的情境与脉络。

如果一位男生拿红玫瑰向女生告白，然后两人顺利交往，那么对这位女生来说，红玫瑰就代表爱情。

如果这位女生有一天发现，男生拿着红玫瑰向很多女生告白过，是个劈腿惯犯，那么对这位女生来说，红玫瑰就代表欺骗与背叛。

或者，男生手捧红玫瑰向其他女生表白时，被这位女生当场抓到，男生羞恼之下给了女生一巴掌，这时对女生来说，红玫瑰就代表伤害。

事物在不同的情境下，会被赋予不同的象征意义。

一物两用的象征

要是能“一物两用”就更高明了，假如上面的例子被拍成戏剧，在女主角被甩了一巴掌的时候，她正紧紧抓着红玫瑰的手心被刺出了血，那么此时的红玫瑰是不是就达成了双重含义呢？

成也玫瑰，败也玫瑰。爱让我们欢愉，但也带来了伤害。

在运用象征法时，想想象征物的另一个方面，也许可以让象征意义更丰富！下面提供象征法的运用诀窍。

一、让情感画面有某个动作或物品出现。

二、让此动作或物品出现两次以上。

三、若能让事物再次出现，并使象征的情绪或情境与之前不同会更好。

记得我小时候看过一部韩国电影《爱 · 回家》，7 岁的顽皮小男孩被送到山上，由不会说话写字、行动不便的外婆照顾。

小男孩总是嫌外婆笨，对外婆发脾气，但外婆不会说话，只是不停地用手在胸口画圈，表示抱歉。

经过多日的相处，小男孩渐渐明白了外婆对他的爱，但脾气倔强的他还是不懂表达。

到最后，母亲去接小男孩回家，他要与外婆分开了，直到他坐上公交车，还是没有跟外婆说任何话，但他心中是有很多不舍想要说的。

公交车即将开走时，小男孩才从车窗处对着外婆做出与外婆平日里做的相同的胸口画圈手势。车子慢慢开走，观众也流下眼泪。

这就是让象征的“前后情境不同”，从而让这个动作成为电影中的泪点炸弹。同样是抱歉的手势，前面象征的是外婆的慈爱，后面象征的是小男孩的忏悔。

小时候看这部电影流泪的我，长大后才明白，原来这就是“象征”的魔力。那些不用开口说的，永远有一种催人泪下的含蓄之美。

写作技巧训练

我曾经策划过一个活动，请学生上台说说自己的个人故事，但必须事先准备一个跟故事有关的关键物品，当故事说到最精彩部分时，就将关键物品展示出来。

这个活动的效果出奇地好。

有人展示了生病时同学折给她的祈福纸鹤。

有人展示了自己因先天残疾而开刀后的伤疤。

有人展示了自杀的朋友生前帮他买的包子。

这时，物品已不再是物品，它们其实是友情、坚强与遗憾。

现在，请你找一个与自己的生命故事有关的象征物，说一个有关键物品的故事给大家听。

情景：写在狂风暴雨时，写在春光明媚时

我有很多学员都很害怕写风景、写场景，原因通常有两种。

第一，不会写。

这类学员其实是缺乏“刻画”练习，只要从具体、细节、五感来尝试，慢慢都能写出具有现场感的场景。

第二，不知道为什么要写。

当描写场景对你已经不成问题的时候，你忍不住会想，那我该写到什么程度呢？我写这些会有人看吗？并因此而变得举棋不定，怀疑描写场景的意义。

的确，我知道有一种写作观念是“不需要写得太细，只写重点即可”。其观点是，因为早期读者比较缺乏“有画面的作品”，所以非常需要看到巨细靡遗的画面细节，以帮助他们想象场景。而现代读者有漫画、动画、影视、游戏等“有画面的作品”，他们已经很擅长借用过去看过的画面来联想文字画面，所以对现代读者来说，作者只写重点即可，读者有能力自己想象，甚至会想得更好。

但我在写场景的时候，除了要思考画面感问题，还会去思考作

者或作品情感问题。简单来说，就是自问一句：“这个场景我想传达什么情绪？”

写景就是写情

在学校时，有些老师会让学生区分某段文字是作者的客观描写还是主观抒情。客观描写指作者客观、不带感情地描写。听起来好像很合理吧？

但清末国学大师王国维在《人间词话》一书中说：“一切景语，皆情语也。”也就是说，哪有什么纯写景，每个景物里其实都藏着人的情绪。

举一个好懂的例子，唐代诗人李商隐有个名句：“春蚕到死丝方尽。”

你觉得李商隐只是单纯地说蚕会一直吐丝直到死为止，还是在暗示其他呢？

如果你还不敢断言，没关系，接下来一句更明显：“蜡炬成灰泪始干。”

将两句连着读，你会觉得李商隐只是在客观描述蚕吐丝与蜡烛烧光的情形吗？

学完“炼字”的你肯定已经看懂了，尤其“泪”这个字更是大大地表露了作者的心声。如果再敏锐一些，你可能还会发现“丝”与“思”是同音字。

这时我们挑字整理一下，原句可以变成：“到死成灰，方始思尽泪干。”如此看来，你说李商隐写的是景语还是情语呢？

同景不同情绪

如同在前一节“象征”中提过的，不同的脉络情境，会让象征物有不同含义。

比如，提到秋天，你脑海中第一个关于秋天的诗句是什么呢？

可能是王维的“空山新雨后，天气晚来秋”，传达的是清新空灵。

可能是辛弃疾的“欲说还休，却道天凉好个秋”，传达的是无奈看透。

可能是杜牧的“霜叶红于二月花”，传达的是愉悦与生命力。

可能是秋瑾的“秋风秋雨愁煞人”，传达的是忧愁与悲愤。

即便是秋景，不同作者也会有千变万化的情绪。

所以，在写景或物的时候，首先要注意景物的特点，然后找出能与之符合的情绪，两者结合起来书写，就可以达到以景传情的效果。

例如“珍珠项链”有何特点呢？它有一粒一粒被线穿起来的珠子，但这要怎样发挥呢？

余光中的《珍珠项链》就以“珠”与“线”来联想，表达自己与妻子结缡 30 年的感情。

每一粒，晴天的露珠
每一粒，阴天的雨珠
分手的日子，每一粒

牵挂在心头的念珠

……

全凭这贯穿日月

十八寸长的一线因缘

看到这你应该明白了，其实写景与写物也是一种象征的表现形式。

所以，下次写景物的时候，你可以想想，自己想传达什么情绪，有什么景物可以用来象征这种手法。请记住，场景可以为情绪助攻。

写作技巧训练

请你尝试描写花的样貌，并试着表达出四种不同的情绪：开心、生气、悲伤、害怕。

表达四种情绪的场景、花种都可以不同，也不需要将四个场景接续起来写，它们可以是四个独立的段落。只求让自己在用最少的字数描述物品或场景时，透露自己的情绪。

如果你能练成“一物能写四种情”这招，保证你的写作功力再升一级！

造色：世界上有一种颜色只属于你

不要查网络，不要翻书，就凭你的记忆来写所有你知道的颜色，你能写出多少种颜色呢？

我曾经在班上玩过“颜色接龙”，一人讲出一种颜色，不能重复。

有人先背出红、橙、黄、绿、蓝、靛、紫这彩虹七色，接着还能补充黑、白、灰、金、银、粉红、咖啡等常见色，再接下去可能就会越来越困难了，能说出暗红、浅灰、桃红等越来越冷僻的颜色，也差不多是一般人的极限了。

读高中时，老师讲到《老残游记》中的“明湖居听书”一节时，总会聚焦在刘鹗将抽象的声音具体化的描写上，同时也会点出其中描写白妞的一句：“那双眼睛，如秋水，如寒星，如宝珠，如白水银里头养着两丸黑水银。”老师说这一句将眼睛写得非常传神。

自此之后，我们总会记得刘鹗会写声音，却不知道他更是写颜色的高手，这句里的“白水银里的黑水银”只不过是刘鹗小露一手罢了。

从《老残游记》中的“大明湖”一节这篇就可以看出刘鹗的“写色”功力。可能因年代久远，大家常会忘了自己读过这篇。现在让我帮大家回忆一下其中一段。

> 只见对面千佛山上，梵宇僧楼，与那苍松翠柏，高下相间，红的火红，白的雪白，青的靛青，绿的碧绿，更有那一株半株的丹枫夹在里面，仿佛宋人赵千里的一幅大画，做了一架数十里长的屏风。

现在，请你数一下在上面这段中刘鹗写了多少种颜色。

除了火红、雪白、靛青、碧绿，苍、翠、丹也都是颜色。

有没有发现先扣掉后面三个生活中比较少提到的颜色，是不是就能让颜色接龙再多接四个颜色呢?

要是你学了下面的招式，搞不好还可以再接出一百种颜色呢!

用具体创造颜色

如果你见到一种从没听人形容过的颜色，现在你要向人转述，你会怎么说呢?凭直觉应该会说它像什么的颜色吧!

你可能会说:“它像中药材干枣子的红色。”枣红色就诞生了!

你可能会说:“它像猪肝一般的红色。”猪肝红就诞生了!

例子中火红、雪白也是相同的道理。像火一样红，像雪一样白，全都是比喻!

你可以进入电商的服饰网站，随便找几款服装的颜色分类，看看它们是怎么为颜色命名的。有些甚至多达 24 色可选，比如，湖水蓝、麻花黑、海军蓝、军绿、芥黄、藕粉、驼红、米白、肤白……都是用这个逻辑组成的颜色描述。

名词 + 颜色 = 新颜色

有时看到一些商品配色写着“酷灰、帅红、劲白……”，我会瞬间愣住，不知道这到底是什么颜色。

学会这招，你就不必老是写黄、绿、红、蓝、黑、白等常见色了，你可以写出容易让读者想象的新奇颜色，而且还能让文句变得更加生动有趣。

现在，你是不是也跃跃欲试，想创造专属于自己的颜色了呢？

写作技巧训练

请你想一下，除了常听到的藏青，你还可以创造出哪些同类色呢？

活物：稿纸拓印了我，留住了片刻的哀愁

要形容一个人很会诡辩，我们常说："死的也能被他说成活的！"

这句话虽然带有一点贬义，但对写作者来说，这可是非常优秀的技能。

在"视角"中，我讲到可以尝试从不同视角来写同一个事物。在本节的写作技法中，我们将依靠将物品写活，让句子也变得灵活起来。

死物取神法

我听过一个小学老师在活动时间学生："我们要像火车一样怎么样呢？"

这时学生就会回答"我们要像火车一样准时""我们要像火车一样勇往直前""我们要像火车一样走遍各地"等答案。

这个方法是要让学生从物品中取其"神"来发挥，这其实已经是拟人修辞的一种练习。

比如，提到“金鱼”，有的学生会回答：“我们要像金鱼一样健忘，忘掉不开心的事”“我们要像金鱼一样瞪大眼，看清楚这世界”“我们要像金鱼一样拥有美丽外表，哪怕没有大脑”……

我知道以上的最后一句的价值观不妥，但通过这个练习，至少可以先让你用心揣摩事物的各个特点，这也是我们在讲“象征”与“情景”时提到的写作技巧。

死物当人法

延续拟人修辞的练习，我们还可以玩另一招，就是将任何提到事物的句子重新改组，让“被动词”变成“主动词”。

> 我赶不上火车。
> 火车“抛”下了我。
>
> 我喝下一口烈酒。
> 烈酒“跳”进我的喉咙。
>
> 我帮家人拍了张照片。
> 照片将我的家人“封存”。

这也是我们从小学过的拟人修辞，只是我们走出学校后因为很少使用渐渐不太能灵活运用了。这个小练习可以让你重新熟练运用拟人修辞。

从你原来写的句子里选一句，将它的被动事物移到句子开头，再使用主动词改写，枯燥的句子瞬间就会变得活泼起来。

最后，我们还可以尝试将“取神”与“当人”两招合并使用。

火车抛下了我，从此也教会了我准时的道理。

烈酒跳进我的喉咙，暂时烧毁了我的伤心回忆。

这种写作技巧不但让语句变得灵活起来，还展现了物品的精神、寓意、特点，这就是让你的文笔情趣倍增的简单方法。

许多人都在苦恼怎么提升写作技巧。老实说，通过从小开始的语文教育，我们已经有太多足以让我们写出优美文句的技巧，只要回头温习一下从小学过的修辞手法，衬托、类比、夸张、比喻等，你就会发现那些早已握在手中的武器。

“温故而知新”是一句老话，也是一句真话。

写作技巧训练

请你做三段式小练习：

取神：任选一个事物，写出我们应该像它一样怎样呢？

当人：任选一个事物，把它当作主词，并让它做出人的动作，以此来造句。

合并：试着找出一个事物，你可以用它当主词开头拟人，还可以接续它的精神、寓意、特点。

如果一时写不出，有可能是因为找出事物本身特点的难度较高，可以多换几个事物试试看！

变动：将你的忧伤碾碎成文字

很多朋友都认为自己的文笔不好，为了让文笔变得更好，便开始找些能增加写作词汇的工具书来死磕。

那么，会用较为冷僻的词汇、成语或典故，就能让读者觉得你文笔很好吗？

请把自己当成读者模拟一下，在阅读的过程中，假如你读到了难以理解的词语、成语或典故，你会怎么做呢？

一、你会跳出阅读的过程，上网查一下词语的意思。

二、你先不理它，带着疑惑继续往下读，尝试通过上下文猜出它的意思。

不管怎么选，你的阅读体验都被破坏了，没有人喜欢读到一半被卡住的感觉，所以我总是提醒我的学员，与其追求使用冷僻字词，不如将人人都懂的字词灵活运用。

一个动词大不同

“整个台北市都快被我翻掉了。”

这是时任台北市市长柯文哲说过的话。这句话中的每个字都很常见，但有趣的是他用的动词“翻”。

又不是大地震，台北市怎么可能被翻掉呢？

他的意思是，台北市被他大大地整顿了一番。但他用了“翻”这个字后，那种鸡飞狗跳的感觉就更强了，句子的动态感也被凸显了出来。

再回到生活中的例子上来。还在读书的时候，有一天我正在家里上网，妈妈突然探头说：“怎么还在玩，你不是吵着要去洗澡吗？”

在这句话中，妈妈用的动词是“吵”，而一般来说这里应该用“说”。但是这样一经换用，儿子的不成熟、任性感是不是就增强了？

由此可以得出一个重点，那就是，说话有趣或文笔生动的原因，往往就在于动词用得精妙，会给人一种“啊！没想到可以这样用”的惊喜。

从专业借术语

关于变换动词，我有一个小诀窍，那就是向专业借术语。

首先必须寻找一个专业领域，了解它的工作内容，记录它有什么专属动作。有了这份操作表，你就可以玩一下变动法。

我先以出版业为例，要将纸张装成一本书，其中有个专业词语叫“装订”。你可以将其借用到人生上：“将你的人生装订成故事。”

比起直白地说“写下你的人生故事”，前者明显有意思多了。

或者以医学为例，其中有个专业词语叫“解剖”，你可以将其借用到感情上：“我解剖了我们一路的感情。”

本来用在尸体上的词被移到了感情上，这是不是也暗示两人的感情已经死亡，增添了些许哀伤呢？

再以枪械为例，其中有个专业词语叫“上膛”，指的是将子弹送进枪膛，马上就可以击发了。你可以将其借用到情绪上：“我的愤怒已经上膛。”

比起“我已经气得受不了，想打人了”，前者是不是更有趣？而且使用枪械的词语，是不是更有暗示战事一触即发的凶悍感？

只要你从现在起，留心有趣句子里的动词的运用方法，并且跨界搜集动词，再加上刻意变换动词，你一定可以轻松掌握变动法。

写作技巧训练

请你跨界使用动词改写以下三句原始句子。

1. 你一直被“牢记”在我的心里。
2. 我想“留下”我们的美好回忆。
3. 你话里的难堪让我“沉默”。

恢宏：妙笔震宇，运字崩云；匠心独具，勤写无敌

有的学员问我：“怎样才能把文案写得气势磅礴呢？”

做法不值钱，心法比做法更重要。今天你要把文案写得气势磅礴，知道了做法。那么，如果明天你想写得温柔婉约，后天你要写得诡异阴森，是不是每次都要再问一次呢？

求人不如求己，只要平时注意多搜集优秀作品来观摩，尝试找出同样风格作品的相同之处，比如惯用词、长短句、句型文法、人称、语调、抽象或具体等，答案就会出现！

以气势磅礴为例，请你先想想要把什么商品的文案写得气势磅礴呢？通常是高单价的商品，比如房地产、中高价位汽车、男用精品等。

那么，我们就来看几个房地产广告的真实范例吧！

解析风格作品

一、建案名称：新美 ×/430 平方米天宇山岚 / 群山为界　胸怀为景。

二、建案名称：国 ×Park/ 以竹为墙　自然无界 / 千叠云海　辉煌工艺。

三、建案名称：世界 ×/ 大地孕育 / 山海雄心 / 云端泳际 / 万中选一。

四、建案名称：× 海大院 / 丰盈似海　简练如诗 / 心宽海阔　王者巨擘。

以上都是真实的文案内容，你可以回忆在电视、传单、路边广告、广播里看到或听到的房地产广告，是不是也都是类似的风格，很少有例外呢？

现在请你告诉我，从这四个案例中你找到了什么共同之处？

首先，它们是不是很爱用与大自然相关的字词，当然多是巨大的事物，比如天、宇、山、岚、云、地、海。

其次，它们爱用与胜利者、光辉、伟大等相关的字词，比如雄心、胸怀、辉煌、丰盈、王者、巨擘。

它们也很爱用表达数值很大、很多的字词，比如群、无界、千、万。

最后，从读起来的节奏上看，它们多会使用四字短句，并用相似的结构，比如“群山为界　胸怀为景”“丰盈似海　简练如诗”。

它们有时也会押韵，比如“际、一、阔、擘”。

找出这样的大致通则，我们就来试玩一下吧！

再模仿风格作品

以下是洛克建筑公司倾情打造的最新建筑文案：

> 星宇钢构、天霞制震！气盖万峰、名传千秋！山海合一、王者雄心！

感觉好厉害啊！虽然不知道到底卖什么东西，但光看字面，想象那个朗读的浑厚男声，就觉得八面威风、气势磅礴！

你可不要觉得我在说笑，以上都是真真实实可以让文句增强气势的方法，不相信的话，请你想一想，在金庸大师《倚天屠龙记》中那一句人人会背的口诀是怎么写的？

> 武林至尊，宝刀屠龙；号令天下，莫敢不从；倚天不出，谁与争锋。

用的是不是也是这招？四字短句、押韵，再加上高端大气的词汇：至尊、龙、天下、莫敢、谁与。

原来金庸大师60年前就在用这招了，我们还不立刻学起来！

这节除了要让你知道怎么将作品写得恢宏，更希望你能养成分析风格共性的习惯，这样不管你想尝试什么风格，都能快速拥有七八分样！

最后，来个延伸问题让你思考，如果我们不要气势磅礴的风格了，而是要温柔婉约的风格，你觉得把哪些惯用词放进去立刻就会看起来有模有样了呢？

给你一个提示，去查查古人形容美人的诗句吧！

写作技巧训练

请你根据我们讲的思路，尝试写一个房地产、高价位汽车或男性精品（比如手表）的广告词。

试试看，怎样用上面的技巧让文案读起来气势磅礴呢？

对抗：写作之路，虽千万人吾往矣

在上一节“恢宏法”里教了大家如何将文句写得气势十足，但我必须先向大家坦白，除了上一节讲的技巧，要想将文句写得有气势，还有一个大绝招。

因为这个绝招太强了，所以必须单独用一节来写，这招就叫作“对抗”。

我们先设想两种情境：

第一，当你打算做一件事时，你认为它是正确的，却被某人强烈反对，或者被很多人反对，但你还是决定去做。

第二，当你打算做一件事时，你认为它是正确的，但做这件事会让你付出代价，甚至可能是很惨痛的代价，但你还是决定去做。

通过以上两种情境，你的形象瞬间就伟大了起来，你就像一个勇士、英雄，无惧一切，自带强大的气场。

如果你在文句中能够构建这两种情境之一，那么你的文句也会带有强大的气场。

对抗多数的情境

孟子有句名言："自反而缩，虽千万人，吾往矣。"

意思是，反省自问，只要我是有道理的，就算千万人阻挠我，我也勇往直前。

"虽千万人，吾往矣"这句常被作为经典引用。不过我们试想一下，如果我们把"虽千万人，吾往矣"这句改成"只要我是有道理的，我就会勇往直前"，效果会如何？

读一下就能感觉到，虽然意思不变，气势却弱了不少。那种"以一当万"的悲壮感，才能衬出句子的气势。

在偶像剧或言情小说中，常有些让女粉丝尖叫的金句，比如下面几句。

- 就算全世界也无法阻止我爱你。
- 我背叛了全世界，只为了面向你。
- 我可以承受全天下人的责备，但我无法承受你的一滴眼泪。

句式是不是非常类似？同样是通过创造"对抗多数"的情境打造出的气势句！

代价惨痛的情境

刚刚也提到了"付出惨痛的代价"，请思考一下，对一般人来说，最严重的代价是什么呢？应该就是生命了吧！

如果我即使付出生命代价也要做某件事，那这件事一定会显得格外珍贵且值得重视吧。

美国有一句广为人知的名言："不自由，毋宁死。"

匈牙利诗人裴多菲有一句名言："生命诚可贵，爱情价更高，若为自由故，二者皆可抛。"

《论语》中也说："朝闻道，夕死可矣。"

这三句全都是"宁可付出惨痛代价，也要……"的情境，比起直接说"自由最重要，自由是我最大的追求、唯一的追求"，演说家、作家更懂得用"生命"来衬托，"我宁可死也要追求自由（追求真理）"，这样作者的决心与文句的气势就完全不同了。

学到了这两个情境绝招，还可以让一些普通的句子变得有趣。

· 与其带我游遍天下，不如给我 Wi-Fi 密码。

· 生命再可贵，也比不上五折券。

不管什么句子，套上这两招都会立刻熠熠生辉。你现在是不是手痒想练一下了呢？那就马上开始吧！

写作技巧训练

请你尝试造两三个金句，里面必须使用“对抗多数”或“宁可付出代价”其中之一。

可以是情感上的（比如恋爱金句）、价值观上的（比如追求自由），也可以是对某商品的推崇。

就算是很普通的场景，通过这种方法也可以让它变得很有趣。

号召：你不只是在写作，还是在改变世界

通过前两节的练习，大家学会了让文句有气势的诀窍。那么，“有气势”的文句跟“能让人行动”的文句是一样的还是不同的呢？

如果想要让文句有号召感，该怎么做呢？

我们先想一想，人为什么会行动呢？

先除去“利益面”不讲（比如买一送十、限时五折等），最能打动人的往往就是情感或价值观了。当然，有正面的情感，也有负面的情感。

要让文句具有能煽动人的情感，我们可以从“严重化”与“崇高化”两个方向着手。

将结果严重化

有一种名为“滑坡谬误”的逻辑谬误，指的是将因果过度推论。比如，老婆跟老公说：“你现在就敢骂我，以后还不得杀

我呀！”

这就是“滑坡谬误”，将事情无限严重化地进行推论。这招可是非常好用的警世型句子写法，比如下面几句。

- 每天多浪费两度电，就等于杀死一头北极熊。（提倡节电环保）
- 小心你的一杯酒，会让一个家庭破碎。（反酒驾）
- 熄掉你手中的烟，让你的小孩有个爸。（提倡戒烟）
- 好好读书，长大不用当“单身狗”。（提倡勤学）

上述第四句是不是混入了怪怪的价值观？先不管它，“严重化”这招就是要恐吓你。用了这招后，会让人感觉如果不行动就是罪大恶极、大错特错，借此唤起读者的恐惧感与危机意识，从而激发更强的行动力。

但你可能会说，你不喜欢吓人这招，你不想要危言耸听。没关系，除了吓人这招，我们还可以使用“圣光照耀”！

将结果崇高化

只要将“严重化”反其道而行，恐惧就会变成伟大。比如下面几句。

- 捐血一袋，救人一命。
- 每天 30 元保费，守护全家人的幸福。

· 你不是在写小说，你是在创造一个新的宇宙。

有时候看到一些文案上描绘的愿景，你会觉得“太夸张了吧”。但不要怀疑，梦想、希望、愿景是最容易打动人的诱因。

只要读者心想“我不只是在买一份保险，而是在守护全家人的幸福，我是个伟大的守护者；保费事小、家人事大”，这时他行动的动力就增强了！

同理，人们对“捐一袋血”可能没什么感觉，但只要人们在头脑中绘制出“自己的血救了一条人命”，这时捐血行为就高尚了起来，捐血意愿也就提升了。

这招就叫作“崇高化”，它能为人的行为带来一束“圣光”。

学会这一黑一白两大写作技巧后，你若希望读者读完你的文章、文案、标语后能够开始行动，就知道该怎么做了吧？

写作技巧训练

假设你现在是一个工地的领导人，需要率领一群工人盖完一座大教堂。你想要激发工人们的行动力，你会怎么向他们喊话呢？

记得要使用“严重化”或“崇高化”这两招之一！

无因：千万不要写作，小心后悔莫及

我先道歉，对不起各位，在讲“悬念”时，我藏了一手。

要制造悬念，我之前说可以借助“不寻常”和“危机”来写第一句，也举了许多例子。但我没说完的是，要创造悬念，其实还有一个不用那么夸张、比较优雅的做法。

悬念就是有果无因

卡夫卡是20世纪最具影响力的作家之一，他的代表作品《变形记》的第一句是这样写的：

> 一天早上，格里高尔从床上起来，发现自己变成了一只大甲虫。

看到这个开头，任谁都想继续读下去，想知道主角为何变成了甲虫，之后又会如何。

我讲到这里，你可能会大喊：“慢着，你刚刚才说不要太夸张，可是这个开头更夸张啊！我们不可能将每篇文章的开头都用变猫、变狗这样来夸张吧！”

当然不是，我们要“偷走”的是它的核心，即“有果无因”：先把有意思的结果抛出来，让读者看到，但不告诉读者原因，这时读者感到好奇，就会到内容中去找答案，也会继续读下去。我们看几个例子。

- 等一下，我要去跟女朋友谈分手。
- 晚上，我要去还我的老板 50 万元。
- 我的妈妈是男的。
- 临时停车 20 分钟，竟然要花 5 万元。
- 就在刚刚，我哭了。

以上例子中，我把内容中有意思、不寻常的“果”放置在文章开头，而没有从头开始娓娓道来，这就让读者一入眼就想读下去。

搬移创造有果无因

想要使用有果无因写吸睛第一句，还有个小技巧，那就是“先写再搬，关键留白”。

什么意思呢？你可以先将打算写的内容写完，再回头从中撷取一个“果”放在开头。

例如，你上网写了一篇帖文，说你被老板辞退了，现在不知道该怎么办。文章从前因娓娓道来，文末是“写到这，我忍不住哭了出来”。

这时你可以将这个有感染力、会引人好奇的“果”往前搬，变成全文的第一句：“就在刚刚，我哭了。”

这势必会引人好奇你为什么哭，进而看完下文中的原因。

有了内容再来思考怎么调整文句。把精彩的放前面，会让读者比较容易找到亮点！

但将“果”往前“搬”的时候，关键点是切记要留白。

如果你的第一句写的是“就在刚刚，我因为请假太多被辞退，我哭了”。这样就没有做到“无因”，答案都揭晓了，大家对你的文章也就失去了兴趣。

“临时停车 20 分钟，竟然要花 5 万元”就是把关键的原因给遮起来留白。

如果写成“临时停车 20 分钟被敲破车窗，维修竟然要花 5 万元”，那悬念就“死透”了，再也飞不起来。

学会了有果无因这个技巧后，再回头看一下本节的第一句，是不是也是无因法的运用呢？

写作技巧训练

文章的标题、文案的标语、内容的第一句/第一段都应该勾起悬念。现在请你用上面提到的有果无因法，创造有吸引力的文章第一句吧！

你可以改写一篇新闻或文章的标题、第一句，也可以直接虚构几个有趣的第一句。多发挥你的创意吧！

借用：你就是写作界的爱因斯坦

怕你还不知道，我必须先坦白，“李洛克”是我的笔名。

有人以为这是我的本名，还用“李洛克”作为收件人寄挂号信给我，结果当然是无法签收，被退件了！

很多人都会问：“‘李洛克’这个笔名是怎么来的？”

如果大家上网搜索“李洛克”这个名字，常常会找到漫画《火影忍者》中的一个角色。其实这就是我用这个笔名的缘起。

《火影忍者》中的李洛克，想成为一位伟大的忍者，但他没有忍者的天分，只好靠勤劳来补足笨拙。他一直深信（或自我催眠）自己只要比天才努力 10 倍，就一定可以超越天才！

李洛克是我最喜欢的角色，在我好多年前立志写作的时候，我也不知道自己有没有天分，也不在乎有没有天分，因为我跟李洛克一样，相信努力是可以超越天分的。

当时，我就在网络上以小说界的“李洛克”为名开始写作，这笔名也一直沿用至今。

有趣的是，当有人知道我叫李洛克的时候，只要他也看过《火影忍者》，就会露出心领神会的表情，仿佛在说："我懂你。"至此，我的信念已不言而喻。

"李洛克"既是我的笔名，也是我借用的形象。

在写作时，如果要用最短途径传达一个浓缩的概念，"借形象"是一种非常聪明的做法。

向名人借形象

网络上一堆网友开玩笑说自己是"板桥金城武""泰山林书豪"或"嘉义周杰伦"。

记得在林志玲正当红的时候，打开新闻，到处都是"林志玲"，比如"外拍林志玲""警界林志玲""夜市林志玲""公务员林志玲"等。

不管这些人长得到底像不像林志玲，这一称呼都先勾起了读者的好奇心，比起说她是"夜市大美女"，借形象能够将读者引向一个熟悉的遐想方向。

所以，当你没有足够的篇幅讲述某事物的具体细节或者来历故事，只有一句话的行文空间时，借形象就可以派上用场了！比如下面几句。

- 他是中国台湾的爱迪生。
- 他是手工艺界的吴宝春。
- 他被誉为小林书豪。
- 他是现代诗的李白。

· 他是莎士比亚再世。
· 他是现实生活中的柯南。

在一句话的限制下，这招是不是让人物形象立马就跃然纸上了呢？

向名品借形象

如果你暂时想不到古今中外的名人，那也没有关系，它也可以是一个概念。

· 这杯酒像是喝下一口摇滚乐。
· 这头猪一定是个健身狂。（当猪肉很好吃时）
· 他是球场上的魔术师。
· 他是自由搏击界的诗人。

又或者，它也可以是一个知名品牌或商品。

· 它是脚踏车中的法拉利。
· 它是甜甜圈界的 LV（路易威登）。
· 我们是农业界的耐克。

是不是非常有趣？比起长篇大论或者构思一堆形容词，有时选中一个精准的人、事、物用来借形象，就能让沟通直接又好懂，省时又好记！

这个小技巧能够立刻上手，你现在脑中应该有超多创意想发挥了吧，让我们开始练习吧！

写作技巧训练

请你想出三个事物或物品来定义自己，比如，魔术师、摇滚乐等。

请你想出三个人物来定义自己，可以是古人、明星、外国人、动漫或戏剧人物等。

最后请你告诉我，你是哪里的什么呢？要像前面范例的句型一样。

当你要将借形象用在商品、某人或单位上时，也可以用相同做法，先从你的目标中找出其他事物或人物来定义它，再组成相似的句型就可以了！

翻新：读书破万卷，不如有帅脸

2018年，中国台湾地区的网络界刮起一阵狂风，让无数社群小编与网友争相陷入旋涡，可称之为“土味情话”。

一张张古人的图片配上搞笑台词，让那些知名人物全都成了大情圣。

> “郑成功”说：“誓死不降清，却只降于你。”
> “蔡伦”说：“改良多次造纸术，只为寄一封情书给你。”
> “曹操”说：“宁可我负天下人，不许天下人负你。”

接着千奇百怪的土味情话图都出来了，科学家、皇帝、哲学家、音乐家、艺术家，发展到最后，连动物、商品、细菌都可以如法炮制。

如此风靡的句式，它的魔力到底是什么呢？

改名句增加记忆

电视节目主持人吴宗宪当年总爱随口乱接："长江后浪推前浪，前浪死在沙滩上。"

前半句是知名的句子，原本的后半句则很少有人记得，但被吴宗宪乱接之后，创造了意外同时也押了韵，不知不觉竟成为观众耳熟能详的顺口溜。

网络上还有很多"前半正确，后半改编"的句子在热传。

· 一山不容二虎，除非一公一母。
· 女为悦己者容，男为悦己者穷。
· 穷则独善其身，富则妻妾成群。
· 射人先射马，捉奸要捉双。

它们都是头一句知名且正经，后一句搞笑且意外，让大众容易记忆、传播。千万不要小看这个技巧，不少引发热烈讨论的商品文案也会使用这个技巧。

· 众里寻他千百度，你要几度就几度。（自动饮水机文案）

改编自南宋词人辛弃疾的《青玉案·元夕》名句：众里寻他千百度，蓦然回首，那人却在，灯火阑珊处。

· 世界上最远的距离，是碰了杯却碰不到心。（酒品文案）

改编自中国香港作家张小娴的小说《荷包里的单人床》中的名句：世上最遥远的距离，不是生与死的距离，不是天各一方，而是我就站在你面前，你却不知道我爱你。

· 无人与我立黄昏，有人问我粥可温。（多功能小电饭锅文案）

改编自中国网络热传的单身自伤名句：无人与我立黄昏，无人问我粥可温。

以上这些句子是不是兼具风雅、趣味与创意呢？一个个网络疯传的文案就这样热气腾腾地诞生了！ 下次你要构思创意文句的时候，别忘了还有改编这一招。

心理学上有个观点：人之所以会对事物产生有趣或喜欢的感觉，常常因为在熟悉之处看到了不同的地方。

也难怪无数创意大师都疾呼：创意是“旧的”加上“新的”。这就是翻新法最大的魔力。踩在巨人的肩膀上，为自己打造风潮名句吧！

写作技巧训练

以下有几句我们常听到的话，你觉得后面可以翻新出什么呢？

1.暴力无法解决问题，________________。

2.书到用时方恨少，________________。

3.钱不是万能的，________________。

对以上三句常听到的话，你可以尝试填写后半句，让句型结构相近或者押韵，甚至可以改写前半句，只要能看得出原型，保有熟悉感即可。

如果这些句子改编后能够套用在某类商品或服务上更好，这会让你的创意不只有趣，还带有商业价值。

反讽：你人太好了，是我配不上你

在一场有关语言学的国际论坛上，一位语言学教授在台上发表他的最新研究成果。他说：“在英语中，双重否定形成了肯定的意思。但在一些语言中，例如俄语，双重否定仍然是否定的意思。”

他顿了顿接着说：“但是，世界上没有任何一种语言可以用双重肯定表达否定的意思。”

说完后，底下的听众齐声说：“是的啊。”

反讽是一种有趣的表达方式，跟幽默相比，反讽多了一些批评，也多了一些迂回，它会让文句表面上的意思与作者真正要表达的意思相反，也就是明褒暗贬。

反讽要靠情境

“我那时真是太聪明了。”

这个句子，你觉得它是什么意思？是在说“自己很聪明”吗？

如果不看前文，不知道情境，的确会读出这样的意思，但反讽套上情境后，会让语意呈现一百八十度的大逆转。

这句话出自朱自清的《背影》，当年朱自清的爸爸送他上火车，还嘱咐车上的服务生照顾朱自清，朱自清却暗笑爸爸太过担心，是个老古板。日后朱自清再回想起这件事，他说："唉，我现在想想，那时真是太聪明了。"

这样来看，朱自清非但不是说自己聪明，而是懊恼自己"自作聪明"。

由此可知，反讽必须要与情境一同存在。

反讽要倒着说

反讽是在某情境下出现了与当下情境意思不相符的话，意思离得越远越好，远到让读者感受到是一种反话。

周星驰的电影《九品芝麻官》里有一段，他明明想责备一位高官见风使舵，嘴上却夸奖他："尚书大人还真机灵……真是佩服佩服。"

改用嘲讽的方式，让情境更加有趣，这句也成为网友吐槽见风使舵者的名句。

使用反讽对某个事物做出负面评价时，可以想一想，如果这个负面的话不能直说，必须改用正面的意思表达，该怎么做？这就是反讽的思考逻辑。

除了明褒暗贬，还有没有可能创造明贬暗褒呢？

顶级汽车品牌劳斯莱斯就玩了一次明贬暗褒，它是这样写的。

这辆新型劳斯莱斯在时速 60 英里（96.6 千米）时，最大的噪音来自车上的电子钟。

表面上是在说噪音的坏，其实是在暗夸自己安静的好。

瑞典的钟表广告也有类似案例。

本公司在世界各地的维修人员都闲得发慌。

同样是表面上说维修人员都没事做，其实是在暗示自己的钟表质量太好。

在目的不是要责怪，而是要夸奖时，将同一招反讽法的思考逻辑倒过来使用，从优点中来硬讲缺点，手法就显得睿智又幽默。

有句话说：“使你发笑的，是滑稽；使你想一想才笑的，是幽默。”

我们学习迂回表达，就是要创造那一点点的思考时间，让你的金句从路边摊升级成米其林。

现在，就让我们来练习明褒暗贬与明贬暗褒两种手法吧！

写作技巧训练

情境思考一：你跟你的伴侣正在吵架，他（她）骂你很笨、很蠢、很没用，你正想回嘴反骂他（她），但你忍住了，你想一想不如绕着说好了，你会回他（她）什么话呢？

小提示：能不伤人还很幽默，才是更好的回复！

情境思考二：你要写一段保温瓶的宣传词，但必须有点幽默感，你会怎么写呢？

风格：若写100篇文章没有答案，那就再写100篇吧

你注意过网红的惯用动作吗？

有位名叫蔡哥的网红总在尴尬冷场的时候，大力拍手转移注意力；网红“RJ廉杰克曼”则会故意把Vlog（微录）讲成logV；最知名的应该就是网红“圣结石”了，他会比出手枪的手势，然后将其放在自己的太阳穴旁，大喊一声：“Bang！”这也是他的粉丝最常模仿的动作，连很多学校老师都知道。

我们也可以来看看许多知名艺人的习惯。

胡瓜因为主持多年素人竞赛节目形成了“来，下面一位——”的惯用语；周杰伦早期出道时的口头禅“哎哟，不错哦”也常被网友模仿。

以上这些人的独特标志，无论台词、动作、声调、形式都成了他们各自的风格。

所以，我们可以先这样理解：风格的本质就是与众不同。

写作风格靠不同

回到写作上，写作可以从哪些地方展现你的不同之处呢？

可以是词汇的选用。可能你使用动词的比例比别人高，可能你使用的动词常常比别人使用的冷僻，可能你使用的动词常常融入一些修辞。

可以是文句的结构。可能你常使用倒装句，可能你常用长句或短句，可能你常常单行成段或一段写得超长。

可以是题材、视角或者笔调。可能你总爱写恐怖童话故事，可能你习惯通过社会最底层的人物视角看事情，可能你的写法总带有一种嘲讽喜感。

这么多的角度都可能让你一点一点地与他人不同。

所以，希望写作有自我风格，请先问问自己，自己的作品与他人的有什么不同？自己的作品如何能被别人一眼识别？自己与古往今来每一位写作者相比有何不同？ 这可能是一个写作者需要终生探索的问题。

探索到最后，你也许会发现，这个问题最后指向的，其实是“我这一生能创造什么前所未有的东西，我这一生写作的意义是什么”。

写作风格靠稳定

难道只要“求异”就能有自己的风格了吗？

绝对不是的。风格需要不同，但不能只是不同，还要再加上稳定。

你不是“一次性”地使用动词的比例比别人高，而是“每一次”都比别人高，这将成为你的一个习惯。

你可以这样理解：风格，就是你与他人明显的不同。

想一想那些网红、艺人或名人之所以能够被模仿，说明他们有一个“标志行为”，而且他们已经将那个“标志行为”重复了十几次、几十次、上百次，让“标志行为”足以被记忆、被识别、被仿效。

当世界上有第二个人也开始不断重复“哎哟，不错哦”，他只会被当成是风格的模仿者，而不是独创者。

简单来说，你要做的就是找出（或创造出）自己在写作上的唯一，你不像任何人，你就是你自己。

接着，请把这个差异，尽你所能地重复、重复再重复，直到你的唯一被读者记忆与识别。

这，就是形成风格的唯一途径。

全书讲的诸般技巧，也许就能成为你风格的武器之一。

你可以走策略路线，先制订好一个自己的差异点，比如多用短句、动词等，然后将其实践于自己的作品中，让每一篇都呈现出自己的特点。

你也可以走体验路线，通过一次一次写作，累积大量经验，让作品自然而然因你独有的人生经历，成长出独特的样貌。

不管你怎么走，刻意尝试加上大量写作都是形成风格的路上无法绕行的路径。

迈克尔·乔丹不会因为投进一记好球就成为“篮球之神”，张学友不会因为唱好一次歌曲就被尊称为“歌神”。

只有一球又一球、一首又一首，你累积的成果才会被人肯定。

写作也是一样。自我风格无法靠一次练习、一篇文章就能成形，所以本篇虽然没有练习的小节，却也是最需要练习的小节。

写好一篇，再下一篇，然后又一篇，一直这么写下去。

希望持续写作的你，有一天蓦然回首发现：“啊！原来这就是我的风格！”

后　记

写作，已是你一生在做的事

感谢你读完全书。

在潜心写书时，我总是在想，这本书能为读者带来什么帮助呢？世界上真的缺一本这样的书吗？这个问题形成了心魔，让我几度难以下笔，停顿许久。

其间，我到了某所大学指导大学生说故事，两天的课程，一路从理性、逻辑、思辨谈到感性、渲染、说服。

在活动结束前的最后一个中场休息时，一位大四的女同学来跟我说她从小到大一直是个过度敏感的人，她的爸妈、老师总是说她“想太多”，而她也为此备感困扰。有些时候，她在意的点就是会跟同学们不一样，大家也都觉得她有点怪。到最后，连她自己都怀疑自己是不是怪怪的，是不是应该改变一下自己。但她说，我在课上有一句话解开了她的心结，那句话是：

我们学习逻辑思辨，不是为了驳倒别人或让别人遵照我们的意思行事，而是要建立自己稳固的价值观，可以妥善地应对这个复杂的世界。

这段话让她知道，只要自己的内心够强大，就不会被他人的看法左右，而是能优雅地面对自己的与众不同。

我，就是我。

老实说，当她说出这段话的时候，我愣了一下。

因为这段话在我预设的课程中并不是重点，只是我教完“观点反驳”后，衔接下一段内容的过场词。如果让我在这两天的课程里排列一个金句榜，这句话完全不在榜上。

但对她来说，这却是她两天课程中的第一金句，是解开她心结的金句，是改变她人生的金句。

那天搭地铁回家的途中，明明握住的是车厢里的金属握杆，我的掌心却能感受到金属握杆回馈给我的温度。

到底，是谁温暖了谁？

终于，我可以将这本书好好写完了。

我无心的一句话解开了她的心结，她无心的一句话解开了我的心结。

只要想到，这本书的某一个章节、某一段文字，也许也能解开世界上某个人在写作上、生活上的心结，我就有了源源不断的写作动力。

原来，除了完成自我目标的，更能激励我的，还是对这世界的正念投注，并期待多年之后能遥遥传来回声。

虽然这是一本写作工具书，但我早已在书中承认每一篇作品都会夹带自己的观点。

写作不过是思想的凝结，本书也是我价值观的凝结。

不只是文字内容，其呈现形式也展示着我的期望。

我更想要做到的是，通过本书的大量练习，甚至在线讨论，你能保持持续写作的习惯。

对我来说，每个人都早已在写作了，想避也避不掉。

只要你好好活着，大脑正常运作，能感受世间的悲欢怒惧，有思绪在你脑中流动，你就已经在写作了，只差将其誊写在稿纸上罢了。

既然如此，不管想不想，你都已经写在脑子里了，那你何不跟我一样，选择将其写下来，让飘荡的思绪能有保存下来的机会呢？

我一直认为，人的每一段经历都必然有其意义，而撰写它、记录它，就是将它所蕴含的意义磨亮抛光。

保持写作、留住你的思想，某年某月的某一天回顾时，哪怕是一个字或一个词组，也一定会让你感激过去那个愿意将其写下来的自己。

写作，就是对这世界的正念投注。

我的朋友，请你相信，多年之后它必将遥遥传来回声。